U0030479

超越巔峰 OVER THE TOP 教育訓練機構

裕峯老師
陪你讀經典

洛克菲勒

寫給兒子的

38封信

全新完整譯本【暢銷紀念版】

The Letters of
Rockefeller to His son

作者·約翰·洛克菲勒

譯者·馮國濤

成功者的思維

亞洲華人提問式銷售權威 林裕峯老師

　　當我第一次讀到洛克菲勒寫給兒子的 38 封信時，我被深深感動。這些信件不僅是一個成功商人給他兒子的忠告，更是一個父親對他兒子的愛和關心的表達，書中內容也對人有著啟發和指導作用，如果你正在尋找一本關於人生價值和成功哲學的書籍，我誠摯地推薦你閱讀這本書。

　　洛克菲勒是個哲人，是個高人，他給兒子留下了無價之寶，不是他那億萬財富，而是三十八封書信，他教會兒子怎麼做人，怎麼立業。

　　本書中分享了洛克菲勒在生活、事業、家庭和社會的的看法和經驗。他提供了有關如何成功、如何建立良好關係、如何培養正確的價值觀和道德觀念的寶貴經驗。

　　洛克菲勒於 1937 年 5 月 23 日去世，他留下的巨額財富和事業由子孫們繼承下去。到今天，經歷了人類歷史 100 多年的洗禮，而綿延了六代的洛克菲勒家族依然是這個世界上富有的家族之一，對美國的經濟和政治都有著巨大的影響，打破了富不過三代的魔咒。這三十八封書信是老洛克菲勒奮搏一生的經驗積累，這才是無價之寶！

　　此書深深地觸動人心，也因為洛克菲勒從小的背景竟

跟我如此相似，並且我發現這些信中的很多觀點和我自己的想法不謀而合如此一致，同時也是平日當我在授課時傳遞給予學員們的觀念。

第一點：無私的愛

洛克菲勒認為【我們現在的責任是要完全獻身給我們周遭的世界，以及世上的眾人，專心致志給予，全身心為人民造福，我認為沒什麼比這件事更偉大了】我在授課中必定會與學員分享使命是——無我利他，先奉獻自己的專長天賦，去幫助更多的人，強調一切出發點都是為了愛，因為愛而出發，讓全世界的眾人都有好的平台管道、商機與技能，並推動公益事業把愛傳出去！

在《新約聖經》中，使徒保羅說：「如今常在的，有信、有望、有愛，這三樣其中最大的是愛。」

第二點：信念是金

洛克菲勒他對自己的兒子說：除非你自己放棄，不然沒有人能夠打垮你。當機會出現的時候，我想到的是我一定能做到，而不是我做不到。你們遠比自己想的還偉大，所以你們一定不能看輕自己。

今天，這個建議仍然非常適用，而我的信念是，人生沒有能不能、只有要不要、沒有要不要、只有一定要！相信就可以做到，你相信什麼，才能看見什麼，你所看到的就是你所相信的結果！

電影巨星席維斯·史泰龍在成為巨星之前的十幾年一

直都很落魄，身上只有 100 美金，連房子都租不起，一直睡在金龜車裏。當時他立志要當演員，當他信心滿滿地去應聘時，紐約 500 家電影公司都以長相平平且口齒不清拒絕了他。被拒絕後他仍然堅持「相信就可以做到」的信念，持續的努力，後面他寫了劇本，終於在被拒絕 1855 次以後他遇到了一個肯欣賞他的老闆。最後，正是因為堅持的信念，席維斯終於成為聞名國際的超級巨星！

第三點：要有正確的心態和價值觀

洛克菲勒認為，成功的人需要具備正確的心態和價值觀，而這些是通過自我教育和經驗積累獲得的。

對於一個想要翻身致富的窮人來說，正確的心態和價值觀是非常重要的。

首先，要有積極的心態。窮人常常感到無望和絕望，認為自己永遠也無法翻身。但是，如果他們能夠有一個積極的心態，相信自己可以改變自己的生活，那麼他們就會有更多的動力和信心去追求成功。

例如，美國著名企業家賈伯斯曾經說過，「人生苦短，不要浪費時間去過別人的生活。」這句話就傳達了積極的人生態度。

其次，要有正確的價值觀。洛克菲勒認為，一個人的成功不僅僅是取決於他的能力，還取決於他的價值觀。一個有正確價值觀的人會更加堅定自己的信念，並且更加勇敢地追求自己的夢想。

例如，馬雲一直堅信「讓天下沒有難做的生意」，因此他不斷努力推動數位化和共同富裕，實現夢想去在東京的大學教書致力於幫助更多的人實現自己的夢想。

　　洛克菲勒的 38 封信給我們提供了很多寶貴的經驗和教訓。因此，我決定開始寫信給我的女兒，表達我對她的愛和支持，同時也分享我自己的成長經歷和價值觀。我相信這封信能夠成為我跟女兒之間的一個重要紀念，讓她在以後的人生中獲得更多的啟發和支持。

　　最後，我想說的是，這些信件不僅僅是洛克菲勒寫給兒子的，它們更是一個父親對兒子的深情寄語，是一個成功人士對後代的吩咐和期望。我相信，這本書所包含的智慧和價值觀 & 成功的秘訣對於每個人來說都是非常寶貴的，非常推薦且值得您去學習和參考。

約翰‧D‧洛克菲勒（John D. Rockefeller, 1839-1937年），美國著名實業家、資本家，標準石油公司的創辦人。他出生在美國紐約利奇福德鎮，他的父親威廉‧艾弗利‧洛克菲勒是當地的一名赤腳醫生，而他的母親，則是浸理會中一名非常虔誠的教徒。

他的父親沒有什麼責任心，常年在外面以藥販的身份遊蕩，這也就導致了小洛克菲勒的家庭十分的困難，他的母親不得不肩負起獨自撫養五個子女的重任。在洛克菲勒小的時候，就已經開始具備了經濟頭腦，他精心餵養自己捉來的小火雞，挑選出其中賣相比較好的到集市裡出售。到了 12 歲時，他累積了 50 美金，隨後他將這 50 美金借給了自己的鄰居來收取利息。

到了 1855 年，洛克菲勒在離 7 月 16 日的畢業典禮僅僅只差兩個月的時候，因為自己父親的緣故，只能停止自己的學業。隨後約翰聽從自己父親的建議，交了 40 塊錢，在福爾索姆商學院克利夫蘭分校念一個為期三個月的培訓課。隨後在他 16 歲那年，洛克菲勒在俄亥俄州的一家雜貨店找到了人生的第一份工作，每個星期能夠賺取 5 美金的酬勞。

19 歲那年，洛克菲勒正式下海經商，開始販賣各種食物，也就是從那個時候開始，洛克菲勒學會了記錄自己

每一份收支，甚至小到一便士的捐款也分毫不差的進行記錄。經過了三年時間的資本累積，22歲的洛克菲勒進軍到石油行業，並且在1870年創建了在日後讓自己享譽盛名的標準石油公司，從此一舉成名。

相信大家都聽過這樣一句話，「富不過三代」，這似乎是命運之神賜予前兩代成功企業家如同鋼鐵一般的魔咒，然而對於洛克菲勒家族來說，這個說法似乎不存在。從第一代的約翰‧D‧洛克菲勒發跡開始，洛克菲勒家族直到今天絲毫沒有頹敗和即將沒落的景象。

洛克菲勒家族崇尚儉約，非常熱衷於創造財富，這兩點，在家族中的中興之王勞倫斯‧洛克菲勒身上得到了充分的體現。2004年的7月11日，洛克菲勒家族第3代傳人，在美國叱吒風雲、坐擁著億萬身家的勞倫斯‧洛克菲勒在睡夢中與世長辭，享年94歲。儘管這位洛克菲勒家族的第3代傳人是含著金鑰匙出生的，但是我們觀察他的一生就會發現，他卻絕對不是一個紈絝子弟，他在有生之年不僅僅是開創了風險投資，還給美國的環保事業以及慈善事業作出了不朽的貢獻。

老約翰‧D‧洛克菲勒將所有的財產留給了自己唯一的法定繼承人——他的兒子小約翰‧D‧洛克菲勒。小約翰有6個孩子，除了老大芭布斯是女孩之外，其他全都是男孩，勞倫斯在兄弟中排行第三。1910年的5月26日，勞倫斯在紐約出生，小時候和比他大兩歲的哥哥納爾遜

最為親密，他們曾經為科學實驗室飼養過兔子來換取零花錢。顯然在我們眼中，這種事情發生在富可敵國的洛克菲勒家族當中顯得有些不可思議，可是事實上的確如此。

洛克菲勒家族的後代們之所以能夠持續締造輝煌的成就，跟他們從小所受到的教育息息相關。為了這些孩子不被家族的光環所籠罩，不管是老約翰還是小約翰，都投入了非常多的精力在孩子的教育當中，甚至還研究出了一整套的教育計畫。例如小約翰會鼓勵自己的孩子去做家務來賺取報酬，其中勞倫斯 7 歲和哥哥納爾遜 9 歲的時候，獲得了擦全家皮鞋的權利，當時擦每雙皮鞋能夠賺到 2 分錢，而長筒靴則是 1 角。

從這個家族的第一代到今天，很快就會邁入第二個世紀，這個家族非但沒有頹敗，反而仍在不斷續寫著輝煌的歷史。他們並沒有因為自己現有的財富而選擇保守，想著如何去守住這些財產，而是不斷的積極投身到文化、衛生，甚至是慈善事業當中，將大量資金投入到興建大學、成立基金會、建立醫院等等事業當中，讓整個社會都能夠享受到他們的財富。

時至今日，在美國這片土地上，想要不受到洛克菲勒家族的影響，顯然變成了一件癡人說夢的事情。我們甚至可以這樣說，在過去的 100 多年中，洛克菲勒家族的發展就是美國歷史最為精確的一個縮影，洛克菲勒家族已經成為了美國精神中最為傑出的代表。

目錄・CONTENT

【第1封】贏在開始未必笑到最後

1897/7/20

我們的命運是由我們的行動決定的，而並不是我們的出身。

每個人都有求勝之心，而最後贏得勝利的人，都是那些有決心且做好準備的人。

親愛的約翰：

我知道你希望能夠和我一起出航，的確，這聽起來很好。但是我並不能永遠做你的船長，上帝之所以給我們創造了雙腳，就是希望我們能夠依靠自己的雙腳走出一條路。

也許你還沒有準備好獨自前行，但是你要知道的是，我身處的這個商業世界，是充滿著無處不在的挑戰與神奇的世界，你將從這裡出發，開始參加那些你還沒有享用過卻又關乎著你未來的人生盛宴。對於你將如何使用你手中的刀叉，以及怎樣品嚐命運獻給你的每一道美味的菜餚，是完全需要靠你自己的。

沒錯，我希望你能夠很快的取得屬於自己的成功，並且能夠超越我。我把你留在我的身邊，也無非是希望你擁有一個相對較高的起點，讓你不需要那麼辛苦的攀爬就能

夠迅速獲得成功的機會。

　　這並沒有什麼值得你驕傲和慶幸的，更不必去感激。美利堅合眾國的建國信念就是人人平等，但是這種平等僅僅是法律意義上的平等，與文化優勢甚至經濟優勢無關。你不妨想想看，我們生活的世界就像是一座高山，當你的父母生活在山頂的時候，就意味著你從出生就會在山頂上。而如果你的父母生活在山腳，則註定你需要努力攀爬才能夠達到山頂，很大的意義上，父母的位置其實決定了孩子的人生起點。

　　但是你要知道，這並不意味著人生的起點不同，最終的結果也不同。你要知道，**在這個世上永遠沒有「世襲貧窮」、或是「世襲富有」的說法，也永遠沒有「世襲勝利」、「世襲失敗」的說法，所存在的只有「我奮鬥我成功」的真理。**我堅定不移的深信著，**我們的命運是由我們的行動決定的，而並不是我們的出身。**

　　就像我曾經和你說過的那樣，在我很小的時候，家境是十分貧寒的，記得我上中學的時候，就連所用的書本，都是好心的鄰居送給我的。在我人生開始的時候，我只是一個週薪 5 元的簿記員，但是經過不斷努力的奮鬥和進取，我最終建立了一個令所有人都羨慕的石油王國。這些在別人的眼裡似乎是一個傳奇，但是對於我來說，這卻是命運對我持之以恆、積極奮鬥的回報。

孩子，機會對於人們來說，永遠都是不平等的，但是結果卻可能是平等的。在歷史上，不管是商界還是政界，白手起家的例子比比皆是，他們都曾經因為家境的貧窮而欠缺機會，最後終能藉由自己的奮鬥而獲得成功。當然，歷史中也不缺乏富二代擁有很多的優勢，最終卻失敗落魄的例子。根據麻州的一項統計數字說：在十七個有錢的富二代中，在離開人世時沒有一個人還是富翁。

　　有這樣一個故事，諷刺富二代的無能。故事發生在很久之前的費城，某酒吧中一位客人提及某百萬富翁的時候說道：「他是個白手起家的百萬富翁嗎？」「是這樣的，」旁邊一位看似精明的先生答道：「他繼承了兩千萬，然後他把那筆錢變成了一百萬。」

　　這個故事很痛心也很現實，在當今的社會，富二代總處在不進則退的窘境中，其中很多人勢必受人同情或憐憫，甚至不得翻身。

　　家族的歷史與榮耀，並不能成為子孫後代依舊成功的保障。我們不能否認，在起跑線上他們佔了很大的優勢，但是這並不能確保子孫後代的未來就會更美好。

　　我曾經不只一次的思考這個對於富人來說很悲哀的問題，我甚至覺得，正是因為在一開始就擁有了優勢，所以富二代不願意花時間去學習，甚至無緣學習及發展生存

的技能。而出身貧賤的人則因為迫切的需要解救自身的貧窮，便會更積極的發揮自己的能力和創造力，並且珍惜每一個來之不易的機會。我還看到，很多富二代因為缺少窮孩子需要自我拯救的迫切壓力，只能祈禱上帝賜予他成就。

你和你姐姐還很小的時候，我就刻意不讓你們知道老爸是個有錢人，我給你們灌輸都是節儉、人人都要打拼等價值觀，因為我知道沒來由地給錢會讓人迅速腐敗墮落、年少輕狂、目中無人，因而失去最純真的生活樂趣。我不能讓財富來蒙蔽我孩子的雙眼，讓你們成為那些不思進取，只知道依賴父母和祖輩庇護的無能者。

只有那些能夠享受自己創造的人，才能成為快樂的人，而那些不思進取，只知像海綿一樣吸取的人，終會失去快樂。

我相信沒有人不渴望快樂、高雅的生活，但是真正懂得如何過高雅快樂生活的人並不多。我認為，那些高雅的人，並不是高雅在他的血統上，也不是他那些高雅的生活風格，而是來自他的高雅品格——獨立自主的精神。看看那些受人尊重、處處魅力四射的高雅人士，即可知獨立自主的可貴。

孩子，我無時無刻不牽掛著你，但較之這種牽掛，我對於你則充滿著信心，我相信你這比世上任何財富都更有價值的品格，會幫你打造出一條美好道路，幫助你的人生

成功圓滿且充實。

　　你需要擁有這樣的信念：起點可能會影響結果，但是並不會決定結果。能力、性格、態度、志向、經驗、手段和運氣等等因素，在你的人生中，在未來的商業世界中，會發揮很重要的作用。你的人生才剛開始，而一場迴避不了的戰役已擺在你面前，我能深切了解你想成為這場戰役中最後的勝利者，然而，**每個人都有求勝之心，而最後贏得勝利的人，都是那些有決心且做好準備的人。**

　　孩子，那些享受著特權卻沒有力量的人是廢物，而那些受過教育最終卻沒有影響力的人則毫無價值。要學會找到屬於自己的道路，堅定的走下去，上帝一定會幫你的！

愛你的父親

【第2封】做自己的命運規劃師

1900/1/20

　　每個人都是自己命運的規劃師。我們不靠天賜的運氣生存，但以策劃而來的運氣求勝。

　　策劃運氣，就是策劃你的人生。在等待運氣時，要懂得如何引導你的運氣。

　　親愛的約翰：

　　有些人註定不平凡，他們擁有過人才能，所以成為王者或偉人。譬如老麥考密克先生（Cyrus H. McCormick, 1808–1883），他具有非凡才能，知道如何造運聚氣，知道怎麼把農業收割機變成印鈔機。

　　在我看來，老麥考密克其實是一位野心勃勃的大實業家，極具商業才能，懂得用收割機幫助美國的農民，同時也讓自己躋身全美最富有的那群人。法國人好像更愛他，稱讚他是「對世界最有貢獻者」，這真是他的意外收穫。

　　這個普通農具商出身的商界奇才，曾說過這句饒富哲理的話：「運氣是計劃的紅利。」

　　這話聽來讓人不易參透。它的意思是說運氣乃是策劃想要求得的結果嗎？還是指運氣是超出策劃的預想額外賺取到的東西呢？

經驗告訴我，此二種的意義皆有之。我們創造屬於自己的運氣，而我們的任何作為都無法擺脫運氣，運氣是策劃過程中註定招來的紅利。

老麥考密克正是因為參透了運氣的真諦，打開了運氣的那扇大門，所以，麥考密克收割機可以暢銷全世界成為強勢產品，根本是意料之中的事。

在這世上，像老麥考密克先生這般擅長策劃運氣的人並不多見，當然，不相信運氣或看懂運氣的人也少見。

在普通人眼中，運氣這種東西是與生俱來的，一見到某人升職了，或者在商場上獲得亮麗成績，他們就略帶不屑、甚至是用輕蔑的口氣說：「這傢伙就是天選之人，總是有狗屎運！」這些人永遠無法領略出最關鍵的成功法則：**每個人都是自己命運的規劃師**。

我不得不承認，就如同人們沒錢不行，運氣也不可或缺。然而，想要有所成就，就不能等著運氣自己找上門來。我的人生信條是：**不靠天賜的運氣生存，但以策劃而來的運氣求勝**。我相信完善的計畫能夠影響運氣，甚至在大多數情況下都能夠完全主導運氣。我在石油界推行的「變競爭為合作」計畫，正說明了此點。

在這個計畫開展之前，很多煉油業者各謀己私，只圖眼前的利益，最終導致了毀滅性的惡性競爭。這種競爭對於消費者而言短期看來是好事，但油價跌跌不休對於煉油業者來說卻是致命的打擊。結果搞得煉油業者都在做賠錢

生意，一個個陷入財務困境，幾乎無一倖免。

　　我知道，想要重新獲取利益並且永遠的良性循環下去，就必須要馴服這個行業，讓大家回歸理性操盤，為此我推行一個計畫──將整個煉油產業納入我旗下的計畫。

　　孩子，想要在獲利的競技場上成為王者，你必須行事謹慎、勤加思考，要能洞見所有可能的風險和機會，同時還要像個棋手般推演出任何會危害你統治地位的戰略。我通盤研判了當時的情勢且評估過自己的實力，最後打算把我的大本營克利夫蘭（Cleveland）當作「煉油產業霸主爭奪戰」的首役之地。在成功征服當地二十餘家業者之後，我又迅速開闢了第二、第三戰場，將剩餘的業者全都收進麾下，得以建立煉油產業的全新秩序。

　　就像指揮官在戰場上那樣，你懂得選對兵器來攻擊設定的目標才會克敵致勝，想要成為煉油產業的霸主，我有一個能夠完全解決問題的終極方案，而這需要大筆金錢來買下那些產能過剩的煉油廠。然而當時我手上的資金不夠支撐我的計畫，所以我打算成立股份公司將大批業外投資者吸引進來。我們很快就用百萬資產在俄亥俄州設立了標準石油公司，到第二年的時候，我們把資本擴張了 3.5 倍。至此，只剩下一個問題擺在眼前就是，什麼時候出手。

　　懂得高瞻遠矚的成功企業家總能在災難裡看到機會，而我亦同。就在我們征服煉油產業之前，這個業界正處於混亂不堪的狀態，一日不如一日，百分之九十的克利夫蘭

煉油業者已被激烈競爭壓得喘不氣來，如果他們不賣掉手中的煉油廠，就只能親眼看著自己邁向滅亡。而這，正是我們出手的最佳時機。

在這個時候進行收購，看起來好像是件不道德的事情，但此舉無關良知。商場如戰場，戰略目標的用意，就是營造對己方最有利的情勢。出於戰略考量，我選擇的首要征服目標不是一家可輕易征服的弱小公司，而是當時最強勁的對手——在克利夫蘭頗負名望，且妄想併吞我的頭號煉油廠的克拉克—佩恩公司。

就在他們還猶豫不決時，我決定要先出手。我率先會見了該公司的最大股東，我中學時期的老友奧利佛·佩恩先生，我跟他說，煉油產業混沌低迷的年代應該要終結了，為了保護煉油產業，讓許多家庭能賴以生存，我要組建一個龐大而高效的煉油集團，誠心邀他入夥。最終，我的計畫讓佩恩心動了，同意讓我們用 40 萬元的價格收購佩恩公司。

其實，那時的克拉克—佩恩公司根本沒有這個價值，但是我照單全收，只要收購了克拉克—佩恩公司，我就能鞏固自己世界煉油產業霸主的地位，接下來就能迅速將克利夫蘭的煉油業者凝聚起來成為最強衝鋒隊。

這招果然奏效。在隨後兩個月不到的時間中，剩下的二十二家業者陸續納入標準石油公司的旗下，我終於成為了這場收購戰的最大贏家。正因如此，我憑藉一股無人可

擋的強勢動力在三年內接連將費城、匹茲堡、巴爾第摩的煉油業者征服，因而一躍成為全美煉油產業的主宰者。

回顧起來，這一切真是幸運，如果當時的我只是感歎自己的運氣不好而放棄的話，或許早就被別人征服了吧！但正是因為我策劃了自己的運氣，終於能取得成功。

世界上什麼事情都有可能發生，唯有不勞而獲你想都別想。 墨守成規、隨波逐流的人們，他們大腦裡充斥著錯誤思想，只要能明哲保身就慶幸得意。

孩子，想要有幫助自己成功的好運氣，必須用心去策劃它。想要策劃運氣，你必須有完善的計畫，完善的計畫必須通過精心設計，而精心設計過後一定會發揮它應有的作用。你要知道的是，在構思你的策劃之前，你首先要考慮兩點，第一點是要清楚知道自己的目標為何，比方你想做什麼，或想成為什麼樣的人；第二點是了解自己掌握著什麼資源，比方金錢、人際關係、能力，乃至身份地位。

這兩個條件的順序不重要，你可能首先有一個目標、一個構想，然後再開始尋找適合這些目標的資源，隨後將他們混合搭配，形成其他方案。因為某個目標，你必須取得某些資源，甚至自己創造資源，也可能因為擁有某些資源而設定目標，還必須根據資源現況而提高或降低目標。

你依據現有的資源來修正目標，或者依據目標來調整資源之後，就形成了一個基礎，然後再依此基礎來形成策

劃的架構，隨後就是花時間和找到方法來落實它，讓它變得豐滿，並等待運氣降臨。

　　你要知道，孩子，**策劃運氣，就是策劃你的人生。在等待運氣時，要懂得如何引導你的運氣。**大膽去試吧！

愛你的父親

【第3封】天堂還是地獄，態度決定

1897/11/9

　　如果你將工作視為一種樂趣，人生是天堂；如果你把工作看成逃避不了的義務，人生即地獄。

　　親愛的約翰：

　　我聽過這樣一個寓言故事，讓我有很多感觸，那個寓言是這樣說的：

　　古時候在歐洲，有個人在等待著死亡的來臨，後來他發現自己來到某個美妙而又能夠享受到所能想到的一切的地方。他一走進那片樂土，就見到一位侍者前來招呼他：「先生，您有何需求？在此，您能擁有任何想要的東西：任何美味佳餚，所有您能想到的娛樂消遣，還可以有美女相伴，讓您盡情享受。」

　　聽完侍者的說明，他覺得十分驚喜，暗自讚嘆：「這不正是我一生期盼的夢想嗎？」一整天下來，他嚐遍所有美味佳餚，也享盡了美女的萬種風情。很快地，他開始對這些感到淡然無味，對侍者說道：「我開始厭倦這一切，想要找些事做做，你能給我安排個工作嗎？」

　　然而，他獲得的答覆是不行：「對不起，先生，此處

唯一提供不了的就是這個，尚請見諒。」

此人備感沮喪，憤怒的揮舞雙手大喊：「這實在爛透了，還不如讓我去地獄！」

「呵呵，不然您以為您身在何處？」侍者溫和說道。

孩子，這個有點幽默的寓言，想要告訴我們的是：不工作就容易不快樂。讓人感到遺憾的是，很多人都是在失去工作之後才理解到工作的重要性，實在是件不幸的事。

在這裡，我能夠非常自豪的說：我從沒嚐到過失業的滋味，這不是我運氣好，而是我從來不會把工作當成沒有樂趣的事，反之，我善於從工作中找到源源不絕的快樂。

我深信，工作是件極有意義的事情，除了能維持生活的基本需求之外，它還能夠給我更多的收穫。工作是任何事業的基礎，一切繁榮的起源，也是天才們的養成園地。工作能夠讓年輕人更有動力，不管他們的父輩多麼有錢，年輕一代可以藉由勤奮工作做出更多成果。

工作除了會帶來財富的累積，也能打造幸福的基礎。工作是生命中掌控滋味的鹽分，但是人們要先學會熱愛工作，它才能賜予人們最大的恩惠，讓人們收穫最大的成果。

我剛剛進入商界的時候，常常聽人說，一個人想要登上高峰必須做出很多犧牲，然而經過時間的歷練，我已經知道，那些正在攀登高峰的人並不是在一味地「犧牲付

出」。他們勤奮工作，是因為熱愛自己的工作，任何在專業領域中努力上進的人都是能全身心投入工作的人，只要衷心熱愛自己的工作，成功必然指日可待。

熱愛工作，是一種可貴的信念。懷此信念，我們就可以將了無指望的大山雕鑿成充滿希望的磐石。正如一位偉大的畫家所言：「痛苦總會過去，而美麗則能永存。」

然而顯而易見的，有些人不夠聰明，他們確實有野心，但過度挑剔工作，一直在致力於尋找所謂「完美的」工作或雇主。其實，雇主們最喜愛準時工作、誠實無欺且任勞任怨的員工，加薪與升遷的機會只願留給最努力、最忠心、最熱心、花最多的時間在工作上的員工，因為雇主們做生意追求的就是獲利，不是在做慈善事業，他需要的是更能產生價值的人。

不管一個人的野心多麼大，他首先要邁出第一步，才有可能到達高峰。凡事起頭難，只要邁出去第一步，繼續前進就不難。越困難或越不愉快的工作，你越要努力做好它，拖延擱置太久，會變得更難處理，這有點像持槍打獵，你觀望的時間越長，射中獵物的機會就越小。

我至今都忘不了自己的第一份工作，做一個簿記員。我那時雖然每日都在天剛亮時就出門上班去，而在辦公室中所點的鯨油燈還昏暗不明，但我從來不覺得那份工作枯燥乏味，反而讓我著迷且做得很開心，連工作上的繁文縟節都不會讓我喪失熱情。當然，結果就是當時的雇主會一

直給我加薪。

你要知道，收入並非工作的主要產物，做好你應該做的事情，只要能夠盡全力完善本職工作，理想的薪資自然就隨之而來。更重要的是，我們通過勞動所獲得的報酬，並不是我們所獲取的利益，而是我們最終因此成為什麼樣的人。頭腦相當活躍的人會拼命工作，不僅僅是為了賺錢，能夠讓他們充滿熱情地工作下去的東西，是那些比追逐金錢的欲望更高尚的理想，他們知道自己從事的是一項值得為之沉迷的事業。

平心而論，我是個野心家，從很小的時候我就想成為一個富翁，對於我而言，我所任職的休伊特—塔特爾公司（Hewitt & Tuttle co）是個訓練我能力、讓我得以一展身手的好地方。它代理銷售多種商品，而且擁有自己的鐵礦區，佔主要營收的兩大業務與為美國經濟帶來重大變革的鐵路系統與電報服務息息相關。

這份工作引領我進入了樂趣滿滿、燦爛無限的商業世界，讓我懂得重視數據與事實，讓我見識到運輸業的強大威力，更養成了我做個商人該具備的素質與能力，所有這些技能都在日後我經商時發揮極大的作用。可以說，如果沒有在休伊特—塔特爾公司時的那段歷練，相信我在事業上極可能會繞很多的彎路。

直至今日，每當我想起休伊特和塔特爾這兩位前輩，內心就會生起感恩之情，那段工作歷程是我人生奮鬥的起

點，為我日後的崛起打下了紮實的基礎，對那三年半的歷練我始終抱持著無限感激。

所以，我從來沒有像某些人那樣老是愛抱怨自己曾經的雇主，他們說：「我們就像奴隸一樣。我們被雇主踩在地上，他們總是高高在上，在他們奢華的別墅裡恣意享樂；他們在保險箱裡塞裝滿了黃金，而他們擁有的一分一毫都是壓榨我們這些老實工人而得來的。」

我不知這樣抱怨的人們是否想過：到底是誰給你工作的？又是誰幫你有了建構家庭的條件？是誰讓你可以發展自己？如果你覺得別人是在壓榨你，那麼你為何不一走了之以終結這樣的壓榨呢？

在我們日常的工作中，態度決定了我們是否快樂。同樣是石匠，都在雕塑石像，如果這個時候你問他們：「你在做什麼？」可能有的人說：「你沒看到嗎？我在鑿石頭，鑿完這塊我就可以休息了。」這種人將工作視為苦刑，從他嘴裡最常說的話就是「累」。

而第二個人可能說：「你不是看到了嗎？我正在做雕像，這是份非常操勞的工作，不過薪酬不錯，畢竟有老婆和好幾個孩子要我養。」這種人永遠把工作看做負擔，而工作對於他而言，就是「養活家人」的最佳手段。

第三人可能會說：「你也看到了呀！我正在完成一件得意的藝術作品。」這類人把工作當作樂趣，在他嘴裡最常說的話就是：「這個工作實在太棒了！」

選擇天堂還是地獄，決定權都在你自己。懂得為工作賦予意義，不管做什麼工作都能由衷感到快樂。如果你不喜歡，甚至厭惡自己的工作，那麼任何簡單的事情都會感到困難、了無生趣。當你口口聲聲喊著工作真是累人的時候，即便你不費多少力氣，也會常常感到倦怠無力。反過來的話，事情又是另一番局面。

　　孩子，**如果你將工作視為一種樂趣，人生是天堂；如果你把工作看成逃避不了的義務，人生即地獄。**隨時檢視你的工作態度，你能從工作中找到應有的樂趣。

愛你的父親

【第4封】積極主動，即刻行動

1897/12/24

> 壞習慣擺佈著我們，左右了事情的成敗，它容易培養但不易伺候；好習慣非常不容易養成，但是要維持下去倒不難。

親愛的約翰：

聰明人說過的話總是容易被我牢記，曾經有位聰明人說過：「教育包含著方方面面，但它本身並不會教你哪一面。」這個聰明人展示了一條真理：**如果不付諸行動，世界上任何實用可行的哲學對你都形同廢物。**

我一直都相信，機會是靠自己爭取得來的。再好的構想也會有缺陷，就算是非常普通的計畫，如果能很好的執行並且持續推進，都會遠比中途停擺的好計畫還要好，因為前者始終在向前推展，而後者卻代表著一切到此為止。成功沒有什麼秘訣，人生想要取得美好成果，有過人的聰明才智或特殊才藝當然很好，但若沒有也無所謂，只要積極行動就能離成功越來越近。

令人遺憾的是，很多人不懂得這個道理，結果讓自己成為平庸人士。看那些碌碌無為的凡夫俗子，你會發現，他們的生活是被動的，他們總是說的多做的少，甚至是光

說不練，幾乎個個是找藉口的高手，一遇到問題就找藉口再三拖延，直到後來他們確認到事情不該延誤或者自己沒能力完成時則為時晚矣。

相較於那種人，我顯然聰明多了。蓋茨先生曾經誇過我是個自動自發、積極主動的行動派，我很樂於得到這種誇讚，而且我並從未辜負這個誇讚。積極主動是我的標籤，我拒絕紙上談兵，因為那會導致想法付諸空談，我知道，不採取行動就不會有結果。世上一切都是由想法慢慢付諸實際行動而得來的，人活著就要行動。

多數人都同意，擁有知識和智慧卻不採取行動，最終一切會淪為空談。充足準備與行動，是事情的一體兩面，兩者須兼顧，做過多準備但始終不採取行動，到頭來也只是在浪費時間。換言之，準備工夫要拿捏分寸，不要掉進一再演練、籌畫的窠臼，要認清的現實是，不管計畫得多麼周密，最終結果與處理方案還是有相當的不可預測性。

當然，我完全同意計畫的重要性，計畫是保障成功的前提，然而**計畫不等同於行動，也代替不了行動**。這就像是打一場高爾夫球，你還沒打過第一洞，就不能往第二洞推進。行動決定一切，不行動什麼結果都沒有。世上不存在萬無一失的保障，我們只須做下落實計畫的決定。

畏於行動的人總有些壞毛病，他們害怕事情發生改變，偏愛維持現狀，這其實是一種自我欺騙和走向毀滅的惡習，世間萬物總在變動中，就像人會生老病死，沒有什

麼事情是不變的，但是如果你因為內心中對未知事物的恐懼而抗拒去改變的話，那麼相信不管現狀多麼令人不滿，你都不敢踏出向前的那一步。想想那些原本能有所作為，最後卻一事無成的人，你甚至都不會同情他們。

是的，每個人在打算做一件大事的時候，在自己心裡多少都會出現情緒反應，擔心、恐懼，困惑著到底要不要放手一搏。而勇於行動的人會燃起自己內心的火花，想出各種各樣的方法來達成心願，以無比的勇氣來克服所有困難。

怯於行動的人總是過於天真，喜歡看著事情順其自然發生，他們單純地認為總有人會幫他們、關心他們。然而，除了他們自己，沒人在關注他們的事，人們只在乎與自己有關的事。以做生意為例，獲利越大的賣買我們越要主動出手，而這成敗與別人無關，局外人根本不會在乎。這種情況下，我們必須積極推進，如果懈怠、退縮了，讓別人也主動介入影響了事態的發展，那結果很可能就不如人意了。

一個人，只有懂得依靠自己才能心想事成，如果能強化掌控命運的可能性，那就更好了。聰明的人總是能讓事情在計劃中進展。

人生中想做的事情總是很多，最後往往沒有足夠的時間去達成，反而因為想到事情的難度，而被無力為之的負面情緒渲染，最後落得一無所獲的下場。我們會發現，時

間總是有限的，沒有人能完成所有的事。聰明的人都知道，並非採取行動就能有好結果，惟獨有智慧的行動才會取得意義重大的結果。聰明的人偏愛從事能夠汲取到正能量的工作，希望貼近人生的大目標，全心投入。正如此，聰明的人總能作出價值最高的貢獻，並且獲取最大利益。

想吃掉一頭大象必需一口一口慢慢吃，做事情也是這樣，想要一下完成所有的事，反而會讓機會流失。我的處事原則是：針對事情的輕重緩急，採取不同的處置方案。

很多人變成被動者都是自己造成的，他們認為所有的條件都十分完美時才是最佳時機，這時他們才願意採取行動。人生其實隨時都有機會，只是那些機會都算不上盡善盡美，被動者之所以平庸一輩子，正是因為他們想要等到凡事都百分之百有利、確定萬無一失時才願意展開行動，這十分不智。我們必須與人生妥協，相信出現在眼前的正是當下應該掌握的機會，如此方能免於陷入不行動而總是在傻等的泥淖之中。

人們總愛追求完美，然而世事總難十全十美，幾近完美就已經很難得了。非等到事事都盡善盡美了才願意開展行動，與始終坐等不動沒啥區別，最後也只能把機會拱手讓人。堅持等到諸事皆備妥才要啟程的人，總是停在原點裹足不前。如果想成為那種「我現在就行動」的人，就要停止所有的空談夢囈，從現在就開始做。「明天」、「後天」、「下週」、「將來」這些話，跟「永遠都不去做」沒什

麼兩樣。

　　人都會有喪失信心、對自己能力產生懷疑的時候，尤其是身處逆境時，但是真正懂得行動的人能用自己超強的毅力克服困難，了解到人人都難免遭遇挫敗，甚至一敗塗地也不意外。要對自己說，不管我們事前做過多少準備、考慮多久，在真正展開行動時都不免會犯錯。而被動消極的人不懂得將挫敗當作成長與學習的機會，只會告訴自己說我果然做不到，然後就不願再積極投入後續行動。

　　很多人篤信「心想事成」這句話，但我認為它不過是哄騙人的詞語。好想法唾手可得，起初的想法只是後續一系列行動的起步，接著就進入第二階段的籌備、規畫及第三階段的前置作業。世上向來都不缺有好想法的人，但是**能夠空想出千百個好主意的人到處有，成功將想法付諸實現以換取價值的人則少得可憐。**

　　人們評斷你能力的依據，不是你腦袋裡裝什麼，而是你的行動表現。人們信賴腳踏實地者，他們總認為：此人敢說敢做，怎麼把事做到最好他了然於心。我至今沒聽過有人因為未能採取行動，或者是要等有人下指令才採取行動而受人表揚的。那些在工商界、政府、軍隊中的領袖，都是踏實肯幹、主動積極的人，而只知站在一旁袖手旁觀的人，永遠難有成就。

　　不管是行動者還是被動者，都是習慣造成的。習慣對我們來說就像一條繩索，我們每天編織同一條繩索，到後

來它會變得粗大而無法扯斷。習慣的繩索不是將我們引導到人生的高峰就是把我們帶到低谷，這取決於是好習慣還是壞習慣。**壞習慣擺佈著我們，左右了事情的成敗，它容易培養但不易伺候；好習慣非常不容易養成，但是要維持下去倒不難。**

要養成說做就去做的習慣，關鍵的是要積極主動，戒掉散漫不羈的習慣，下定決心做個自動自發的人，要勇於行動，不必等凡事皆備妥才願付諸實行，要記住，永遠沒有百分百完美的事。培養樂於行動的習慣，不要求什麼特殊智慧或獨門技巧，你只要努力去做，讓好習慣在生活中發揮作用就行。

孩子，**人生是一場一場偉大的戰役，想要勝利你就必須採取行動，然後再行動，永遠在行動。**唯有如此，你的安全才能獲得到保障。

最後，祝你聖誕節快樂！我相信沒有比在這時候送給你這封信還要好的聖誕禮物了。

愛你的父親

【第5封】勇於競爭，不懼挑戰

1901/2/19

　　我不愛正面對戰，我寧可摧毀競爭者。

　　我從不認為自己打不過對方，即便最後還是贏不了，我也能問心無愧地面對結果。

　　親愛的約翰：

　　我想和你談談一位故友，本森先生，當年他的離世讓我感到非常難過。

　　本森先生（Byron David Benson, 1832-1888）是我過去的勁敵，也是少數讓我尊敬的對手之一。他有優秀卓越的才幹，堅定的意志，同時他的優雅風範也給我留下相當深刻的印象。

　　直至今日，我還記得我們結盟後他跟我開了個玩笑。他說：「洛克菲勒先生，您真是一位完美且毫不手軟的獵手，如果輸給一些混蛋，我會感到很不爽，因為我覺得那很像是遇到搶劫，然而與您這樣有為有守的人過招，不論最後是輸是贏，我都感到愉快至極。」

　　我那時候搞不清楚本森只是在恭維我還是誠心讚美，我跟他說：「本森先生，如果您能把獵手一詞換成征服者，我會更樂於接受。」他聽完笑了笑。

我很敬佩那些即使大敵當前也能奮力戰鬥的勇者，而本森先生就是這種人。本森在成為我的對手之前，我才剛打敗賓州鐵路公司，它是全美國最大的鐵路公司，也馴服了巴爾第摩‧俄亥俄鐵路公司，全美第四也是最後一家大型鐵路公司。如此一來，加上我的兩大忠實盟友──伊利諾鐵路公司與紐約中央鐵路公司，全美國四大鐵路公司最終都馴服在我的手中。

　　在那個時候，我標準石油公司的輸油管道正一段一段向油田蔓延，讓我獲得了油井與鐵路幹線連接的輸油線路的完整掌控權。

　　坦白講，當時我的勢力已拓展到了煉油產業的各個方面，要說當時的我手中掌握著採油商、煉油業者的生殺大權，這話不算誇張。我能讓他們日進斗金，我也能讓他們瞬間破產，但即便如此，依然有人不把我的權威當一回事。例如本森先生。

　　本森先生是一個有雄心壯志的企業家，他想鋪設一條從布拉德福德（Bradford，位於英國的西約克夏郡）到威廉波特（Williamsport，位於美國賓州中北部，是世界少棒的發源地）的跨海輸油管道，以拯救那些不想被我擊倒，急於脫離我掌控的石油業者。不可否認，想藉此大賺一筆的盤算更驅策他斗膽闖入我的勢力範圍。

　　這條連接賓州東北部地區和英國西部地區的跨海輸油管線，在一開始就用異常驚人的速度不斷推進，這很難不

引起我的留意。孩子，你要知道，商界上的每回合競爭都不是簡易的賽局，而是充滿活力、必需時時關注、隨時要做出決策的賽局，一不注意就要吃敗仗。

本森先生的戰略是一再找我的麻煩，逼得我非讓他停手不可。剛開始我用不怎麼精明的手段和本森過招，我用超行情的高價買下一塊沿著賓州州界南北向的狹長農地，想藉此擋下本森前進的路徑，但他輕易的採取繞路一招化解了我的招數，讓我成為了錢打水漂的地主，徒然讓那塊土地上的農民們迅速暴富。之後我動員了結盟夥伴的資源，限制鐵路公司不可以讓任何輸油管路跨過他們的鐵道，但本森再次採取繞行一招成功破解了我的封鎖戰術。到後來我還打算動用政府的力量來阻擋本森的攻勢，最終未能如願，只能眼看著本森成為打贏戰役的英雄。

此時我知道，我遇到了從業以來少見的強敵，但這不會動搖我競爭到底的決心，因為那條 110 英里長的管道對我來說是極大的威脅，若任其恣意傳輸原油到紐約這個大都會，我煉油產業霸主的地位就受到本森的嚴重挑戰了。接下來，我對布拉德福德油田的掌控力也會被削弱，我完全無法容許這件事的發生。

當然，我無意把對手逼到絕路，我向來的策略是不必花過高的代價就能獲得想要的東西，因此不能讓本森那幫人亂搞，毀了我花費許多心力才建立好的市場秩序，啃噬我在煉油產業的掌控權，我對此視之如命。於是，當那尾

巨蛇開始躁動起來的時候，我主動向本森一方提議購買他們的股票，然而讓人失望的是，此提議被拒絕了。

我方有很多人被這結果激怒了，負責公司油管運輸業務的奧戴先生甚至主張動用暴力將對方摧毀，藉以懲戒這些不知天高地厚的對手。我討厭這種惡質下流的主意，只有低能者才會採行這麼讓人無法苟同的手段，我警告奧戴，馬上捨棄這個愚蠢的爛招！**我從不認為自己打不過對方，即便最後還是贏不了，我也能問心無愧地面對結果。**

我知道，有辦法在背後動手腳而不被發現的人，本身往往就佔有相當的競爭優勢，然而，惡質與背德的行為極端危險，它總會搞得人尊嚴盡失，甚至因此犯法而鋃鐺入獄。任何欺詐與不道德的行為都無法長久，更不可能成為企業應有的策略，它只會損害大局，令未來變得更困難，甚至喪失所有機會。所以，我們務必謹守規範，因為規範能營造關係，而關係可以締結長遠的業務，良性的交易又能開創更多交易，反之，我們的好運將會提前結束。

就我的個性來說，**我不愛正面對戰，我寧可摧毀競爭者**。我不接受不光彩的勝利，我要贏得完滿，我要有榮耀的勝利。就在本森得意地享受著他成功的快感時，我開始向他發動一連串讓他很難抵抗的攻擊。我要求給儲油罐廠商下大量訂單，並要求他們如期交貨，此舉導致他們再無心力關照別的訂單，包括本森那方。欠缺儲油罐，油井業者只能將不斷開採出來的原油都倒入原野中，如此一來在

本森先生面前的就不是裝罐完成的待運石油，而是無罐裝油可載的下游業者們的抱怨了。與此同時，我大幅度降低油品運輸的價格，將大批依靠本森運送原油的煉油業者拉攏過來變成我的客戶，同時我快速收購了幾家紐約的煉油廠，阻止他們和本森結成事業夥伴。

一個優秀的指揮官，不會去攻打沒有價值的堡壘，而是要傾全力摧毀能藉以攻陷全城的堡壘。我們每一輪攻勢都是為了讓本森先生沒有原油可運，最後我們取得了勝利。那個號稱全世界最長的輸油管道，啟用不到一年就撐不下去了，本森先生主動向我提出議和之請。我相信這不是他們的本意，然而他們也很明白，繼續和我對抗下去，等待他們的就只有全軍覆沒。

孩子，人生的每一場重大戰役都決定著你的命運，「後退即是投降，後退則淪為奴隸」，既然無法避免戰爭，那就勇敢接受。**在這世上，競爭一刻都不曾停止，我們也一刻不得閒。我們要做的是，憑藉鋼鐵般的決心面對眼前的各種競爭與挑戰，且以高昂的情緒享受其中，否則結果勢必不如人意。**

想在競爭中得勝，最關鍵的一點是要時刻提高警覺，當看到你的對手不斷在削弱你時，對抗的號角就該響起。這時候，你要清楚認知到自己擁有哪些資源，也要知道所謂的友善與溫情主義極可能害了你，接下來就是動用所有資源與手段在這場競爭中獲勝。

當然，想在競爭中取勝，勇氣固然不可或缺，而實力更是核心要素。拐杖取代不了健壯有力的雙腳，站立還是需要依靠雙腳，若雙腳不夠健壯，支撐不了你，不該因此就認輸或放棄，要努力運動、操練，強化自己的雙腳，讓它們發揮原有的力量。

　　我想，人在天堂的本森先生也會同意我的觀點。

愛你的父親

【第6封】 為達目標，抵押所有也值得

1899/4/18

> 不管是想要贏得財富，還是贏得人生，在競技中，優秀的人想的永遠不是我輸了會怎樣怎樣，而是我勝利之後要做什麼。

親愛的約翰：

我可以了解，為何你把向我借來的錢投入股市之後感到不安，因為你很想有所斬獲，但又擔心在那個充滿風險的領域蒙受損失，而虧損的還不是你自己的錢，是向我借來的，本金之外還必須支付利息。

這種輸不得的感覺我十分熟悉。在我創業初期，甚至在小有成就的時候，這個感覺都一直在主宰著我，致使每次在借錢的時候我都不停徘徊在謹慎和冒險之間，辛苦掙扎，甚至夜夜難以入睡，一躺在床上就會不自主地盤算著如何償還欠款。

人常道，愛冒險者常會失敗，但傻瓜不也一樣？所以每次我在畏懼失敗時，總會打起精神再去想辦法借錢，畢竟，為了前進我沒有退路，所以最後我被逼得去找銀行貸款。

孩子，所有呈現在你面前的，經常是如何巧妙化解問

題的大好機會。借錢並不是什麼壞事，它並不會讓你破產，只要你不將它看成救生圈只在危急之時使用，而是將其當做一種好工具，你就能夠利用它來創造機會。不然，你就會陷入懼怕失敗的泥沼，被這種懼怕綑綁了你本該有所作為的雙臂，最終導致一事無成。

在我認識的富豪當中，靠著慢慢累積到最後發達賺錢的人可說是鳳毛麟角，大多數都是靠借錢而發家致富的，這其中的道理其實很簡單，一百塊錢的生意顯然比一塊錢的生意要賺得多。

不管是想要贏得財富，還是贏得人生，在競技中，優秀的人想的永遠不是我輸了會怎樣怎樣，而是我勝利之後要做什麼。

借錢就是為了能夠創造出好運，如果抵押一塊土地能夠讓我借到足夠的現金去買下一塊更有價值的土地，我會二話不說把握住這個機會下手。在克利夫蘭的時候，我為了擴張勢力，佔取煉油界的龍頭地位，我多次欠下巨額債務，還不惜將我的事業給銀行做抵押，最後我做到了，創造出讓人讚嘆的成就。

孩子，人生就是一個不斷抵押的歷程，為了前途我們抵押著自己的青春，為了幸福我們抵押了人生。如果你不敢把自己逼到底線，你很可能會一無所成，為了成功我們冒險抵押所有難道不值得嗎？

說到抵押，我想和你說的是，在我從銀行取得貸款的

時候，我抵押的不僅僅是自己的事業，還有我的誠心，我將合同、契約視為神聖之物，嚴守合同內容，絕不拖欠債務。對於投資人、銀行、客戶，甚至是競爭對手，我向來以誠相待。在和他們討論任何問題的時候，我都堅持實話實說，從來不去捏造含糊其辭的謊言，因為我深信，謊言在陽光下終究會被揭穿。

以誠相待的回報顯然是巨大的，在我還沒有從克利夫蘭往外擴展時，那些知道我品格的銀行家們曾經一次又一次將我從難以克服的難關中拯救出來。

我清楚記得那天，我有一個煉油廠突然發生火災，損失相當嚴重，由於保險公司遲遲未能給我賠付保險金，而當時我又急需一大筆錢來重建我的事業，我只能再找銀行商談增貸。如今回想起那時找銀行貸款的過程我依然很激動，本來在那些毫無遠見的銀行家眼中，煉油產業早就是個高風險的行業，給這種行業提供資金無異於賭博，加上我又剛被燒掉一座煉油廠，很多銀行的董事對於我的增貸遲遲不願同意。在那時候，其中的斯蒂爾曼先生請職員送來他本人的保險箱，對其他幾位董事說：「各位請聽我說，洛克菲勒先生及其合夥人都是非常優秀的人士，他們現在有更多的貸款需求，我希望各位能給予支持，如果你們希望能有相對的擔保，來找我，本人的保險箱在此。」就這樣，我用個人的誠信取得了銀行家們的支持。

孩子，誠信是資本，更是行事之道，因為我誠信待

人，所以我爭取到銀行家及其他更多人的信任，也藉以度過了重重考驗，步上了迅猛發展的發達大道。

時至今日，我不需要再求助於任何銀行，我已成為了我自己的銀行，然而我始終感激那些曾經在我有困難時大力出手幫過我的銀行家們。

你未來可能會管理一家企業，那麼你就要懂得，經營企業的宗旨是賺錢，擴展企業能夠賺更多錢，而將企業拿去抵押也是管理及運用資金的重要手段，如果你只注重其中一種手段，忽視其它手段的機會點，你很可能會遭遇瓶頸。甚至更糟糕的，你還可能會導致自己的財務吃緊，即使不至於傷筋動骨，也會讓你錯失許多良機。

理財及運用金錢不同於下定決心賺大錢，理念有差異。理財及運用金錢，必須親力親為，做好數字管理，不是空談想法。尤其是關鍵往往出現在細節中，如果你忽略了重要細節或者脫離細節，將這些所謂的「雞毛蒜皮小事」丟給他人處理，就等同於不把事業經營中一部分重要的責任當一回事。永遠不能讓細節阻礙了你的熱情，想要成功就要牢記：戰術與戰略，缺一不可。

孩子，你已朝著贏取偉大人生的戰役前進，這是值得你奮鬥一生的目標，你要夠勇敢，更加勇敢！

愛你的父親

【第7封】挫折難免，精神不可磨滅

1899/11/19

一旦你做事情時最關注的重點在於避免失敗，你就成為畏首畏尾、碌碌無為的人。

只要不讓失敗成為慣性，那麼失敗反而不是壞事。

親愛的約翰：

聽聞你近來情緒十分低落，這讓我相當難過。我確實能感受到，你對那筆損失一百萬的投資感到羞愧，搞得整天不開心、愁容滿面。說真的，你大可不必如此，一次挫敗不代表什麼，更不會給你貼上「無能」的標籤。所以，請你要快樂起來。

孩子你要知道，在這世上，沒有人可以始終一帆風順，挫敗其實是家常便飯。也正因為世上充斥著無數失敗案例，追求卓越、嚮往成功是眾人的目標，讓人們前仆後繼去追逐，甚至付出生命也在所不惜。但即便如此，失敗依然是常態。

命運就是這樣，而與其他人不同的是，我將失敗當成烈酒，吞進去時是苦澀，而吐出來時是意志。

在我剛跨入商界，祈求上帝庇佑我新成立的公司一切順利時，便遭遇了一場毀滅性的意外事件。那時我簽到一

個採購合同，打算收購大量豆子，藉此大賺一筆，料想不到的是一場突如其來的嚴寒霜凍無情地粉碎了我的盤算，買來的豆子壞了一大半，有些無良供貨商還在豆子裡摻雜了細沙及碎葉、豆梗。這筆生意因此搞砸了，但我心知，我不可因此懷憂喪志，更不能受困在挫敗的氛圍中，那只會離我的夢想與目標越來越遠。

天下沒有免費的午餐，現狀也不可能一直維持不變，始終止步不前就是在倒退，想要前進就一定要勇於冒險及敢做決定。

在那筆豆子生意泡湯之後，儘管我百般不願意，我還是去找你爺爺，也就是我的父親借錢，同時，為了能夠在經營上佔有競爭優勢，我對合夥人克拉克先生說，我們必須要做推廣宣傳，在報紙上刊登廣告讓潛在的客戶知道，我們有足夠的資金預先採購，也能夠搶先供給大量農產品。

結果，勇氣和勤奮讓我們鹹魚翻身。那年我們擺脫了壞豆子事件的影響，賺到相當可觀的利潤。

誰都討厭失敗，然而，**一旦你做事情時最關注的重點在於避免失敗，你就成為畏首畏尾、碌碌無為的人**。那就糟糕了，無異於走向滅亡，因為你會放棄許多大好良機。

孩子，大好良機並非輕易可得，好機會可讓人發家致富，看看窮苦之人，他們並非愚蠢無能之輩，也未必好吃懶做，主要還是欠缺機會。須知，這是一個弱肉強食的世

界，在這裡你不先吃掉別人就等著被別人吃掉，一味地規避風險也難逃破產危機，善於掌握先機就是用剝奪別人的機會來保障自己。

因為害怕失敗而不敢冒險，等於將眼前的機會拱手讓人。為了抓緊機會，鞏固自己的競爭資本，蒙受一定程度的挫敗也是能被接受的。

承受失敗，是為了登上更高的位置。我之所以有今日的成就，就是崛起於失敗中，循著失敗的階梯一步步上來的。我是個還算聰明的失敗「專家」，我懂得如何在失敗中學習，在失敗經驗中吸收成功的要素，以自己原本想不到的方法創立出全新的事業。我想告訴你的是，**只要不讓失敗成為慣性，那麼失敗反而不是壞事。**

我的人生準則是：不管遇到什麼樣的磨難與挫敗，永遠保有充沛活力是我堅定不移的事。我自己知道，做什麼事可以讓自己開心，什麼東西值得我效勞。最初的理想就像一把魔法掃帚，將掃盡成功道路上的一切阻礙。孩子，要知道你最初的理想是什麼，將它緊抓不放，成功一定會到來。

樂觀者在苦難中能夠看到機會，

悲觀者在機會中反而看到苦難。

孩子，請記住我一直深信不疑的成功法則：

夢想＋失敗＋挑戰＝成功之路

不可否認，失敗有其殺傷力，它會讓人萎靡不振，喪

失鬥志與意志力，關鍵在於，你如何看待失敗。偉大的發明家湯瑪斯·愛迪生先生，在用電燈泡照亮金融家 J. P. 摩根先生的辦公室之前，一共經歷了超過一萬次的實驗，對他而言，失敗即成功的實驗場。

就在十年前，有位《紐約太陽報》的年輕記者曾經採訪過愛迪生：「您的發明經歷過一萬多次的失敗，對此您有何看法呢？」愛迪生對於「失敗」一詞非常不以為然，他用長者之姿對記者說：「年輕人，你人生的旅程正要開始，我想跟你說個對你的將來會大有幫助的觀念，我不是失敗一萬多次，而是發現了一萬多種不能做電燈泡的方法。」由此可見，強者的精神力量何其強大。

孩子，一個人如果走到了精神破產的地步，那麼人生幾乎就一敗塗地了。要知道，人生志業的發展就像在衝浪，只要踩在浪頭上，功名利祿便指日可待，而一旦與機會的浪潮失之交臂，則勢必受困淺灘自憐自艾。失敗是很有意義的學習歷練，你可以將它視為人生墓碑，也能將它當作成功跳板，就看你怎麼選擇。

沒有挑戰，就無法證明成功的價值，別讓一次的失敗阻擋了你前進的腳步。戰勝了自己，你就能成為人生的大贏家，此事我對你非常有信心。

愛你的父親

【第8封】不放棄，就還在通往成功的路上

1909/2/12

世上沒有任何事能取代毅力，再優秀的才能也做不到。

多數人高估了自己所欠缺的東西，又低估了自己已經擁有的，以至於到頭來錯失了致勝良機。

親愛的約翰：

今天2月12日是個偉大的日子，亞伯拉罕·林肯先生在100年前的這一天誕生了。今天，全國上下所有人都懷著感恩之心在紀念這個無愧於上帝與人類的美國前總統，我相信誇讚林肯先生有著「難能可貴的靈魂」是實至名歸的。

以我的記憶所及，無人能比林肯先生更偉大。他鑄就了合眾國今日的成功以及一段說來讓人激動不已的歷史，他用寬厚的仁愛之心及堅定不移的勇氣與精神，讓四百多萬受困於社會底層的黑奴得到了救贖，也粉碎了兩千七百萬另一種膚色的合眾國公民的靈魂枷鎖，結束了因為種族對立導致的靈性沉淪、扭曲，心胸狹隘的罪惡史。他讓這個國家避免了走向毀滅的災難，將不同宗教、不同語言、不同種族和膚色的人組成了一個全新的國家。不只是黑

奴，整個合眾國都因此得到了自由，因為他而得以邁向崇尚正直、講究公平的康莊大道。

我認為林肯先生是 19 世紀最偉大的英雄，今天在他的百年誕辰之日，全美國追思著他為合眾國所做的貢獻，顯然就說明了一切。然而，在我們回顧並感激林肯先生的豐功偉業時，更應記取並效法他不屈的勇氣與執著的決心。我們紀念他最好的方式就是以他為榜樣，讓他那永不放棄的精神照耀整個美國。

在我心目中，林肯是不會被困難擊倒、不屈不撓的代名詞。他出生於富裕之家，七歲時家道中落，青少年時期過著刻苦的日子，第一次經商以失敗告終，第二次經商的下場更糟糕，以至於在隨後的十幾年時間裡他一直在償還債務。他的從政之路也好不到哪裡去，首次參選州議員就落選，還因此沒了工作。值得慶幸的是，第二次參選他成功了，但是隨後戀人驟逝的傷痛以及競選州議員發言人的失敗還是給他造成了不小的打擊，但他沒有因此灰心喪志，隨後的競選中他經歷過六次失敗，每次失敗之後他都沒有放棄，這種經歷一路伴隨他直到當選為美國總統。

有悲慘經歷的人並不少見，人生路上屢遭無情打擊也不稀奇，但是極少人能夠像林肯那樣百折不撓。每次在參選失敗之後，林肯總會不斷激勵自己：「我又沒有死掉，只是在人生路上滑了一跤罷了，爬起來就好。」這套說法是林肯化解困難的力量源泉，也是林肯得以享譽盛名的不

二法門。

林肯的人生闡釋了一個偉大真理：**除非你自己放棄，不然沒有人能夠擊垮你。**

所謂的功成名就，都是經過一連串的奮鬥而來，那些偉大的人物幾乎都遭遇過一系列無情的打擊，每個人都曾經差點要打退堂鼓，但正因為他們堅持撐到最後，才能取得後來的輝煌成就。比方說希臘偉大的演說家狄摩西尼，他曾經因為口吃而害羞怯懦，父親死後給他留了一塊地，希望他能藉以過著富足的生活。但是依照當時希臘的法律，他必須先在公開的辯論會上靠辯論來贏得這塊地的所有權，才有資格聲明自己擁有它。但就因為口吃和差怯，他辯輸了，失去了土地所有權。然而他沒有被這件事情擊垮，反過來更發奮努力去克服自己的弱點，最終締造了前所未有的最高演說成就。歷史沒有記載是誰贏得了他的那塊地，但是多少世紀之後，整個歐洲依然記得這個偉大的名字——狄摩西尼。

多數人高估了自己所欠缺的東西，又低估了自己已經擁有的，以至於到頭來錯失了致勝良機，實在可悲。

林肯的人生故事，是將挫折轉化為勝利的最佳實證。沒有從未經歷失敗的幸運者，最重要的是，莫因一時的挫敗而讓自己成為懦夫。如果我們盡了自己最大的努力仍未能成功，我們應該做的是要吸取教訓，讓自己在後面的日子裡努力變得更好。

坦白說，我不想與林肯先生相提並論，但是我應該有學到他的某些精神。我厭惡生意失敗或損失錢財，我真正在乎且恐懼的是，因為過於謹慎而變成膽小的懦夫，若是這樣，損失就太大了。

就一般人來說，失敗會讓他們決定放棄，成功的話就有了持續的動力，但是這在林肯身上顯然不成立，他會利用挫敗來精進自我，他是個擁有鋼鐵般意志的人，他有句話很有意思：「你沒有辦法在天鵝絨上把剃刀磨利。」

世上沒有任何事能取代毅力，再優秀的才能也做不到。懷才不遇的人隨處可見，天賦異稟但一事無成的人並不稀罕，教育系統也解決不了此問題。**這個世上充斥了太多無法學以致用的人，唯有毅力和決心能夠讓人不斷向前。**

當我們向高峰不斷邁進的時候，必須牢記：每道階梯都是供我們踩個差不多的時間，然後就得再登上更高的一階，並不是給我們用來駐足不前的。我們在征途中，難免會感到疲憊和灰心，但是就像拳擊手那樣，你還得再戰一回合才能獲勝。遇到困難，我們就要勇敢迎戰，人人都有無法估量的潛能，我們必須發掘出自己的潛能並善用它，讓潛能有其存在的意義。

偉大的機會往往不在遠處，但需要我們勤奮努力來掌握它，俗話說得好：「打鐵要趁熱。」毅力和努力二者皆重要，每個「不」的回應都讓我們更接近成功。「黎明之前

是最黑暗的」，只要堅持勤奮工作，盡力發揮你的技術與才能，成功終究會來臨。

　　如今，當我們感念、頌讚林肯總統時，別忘了要用他的人生故事激勵自己。即便我們努力做著，而功成名就那天還沒到，我們仍然是贏家，因為在這過程中我們擁有了智慧，也學會了如何看待人生，這本身已是極大的成功。

　　　　　　　　　　　　　　　　　　愛你的父親

【第9封】信心是成功之父

1903/6/7

我從不認為失敗是成功之母，我只深信，信心是成功之父。

我不愛獲取單一的勝利，我追求的是持續性勝利，唯有如此我才能成為真正的贏家，而激發了我成功的動力，是信心。

親愛的約翰：

我覺得你說得沒錯，締造奇蹟憑藉的是雄才大略與過人的智慧，現實世界中能夠締造奇蹟者難得一見，多數人都是泛泛之輩。

值得玩味的是，人人都想有大作為，都期待心想事成，每個人都不想要靠巴結別人來過著平庸生活，也從來沒人希望自己是個不入流的傢伙，就算覺得自己是被迫為之的。

話說回來，未能成功真的是因為欠缺雄才大略嗎？我不同意。《聖經》中提到一個很實在的成功智慧——堅定不移的信念能夠移山倒海。但就算知道，為何還是有那麼多人無法成功呢？我認為是深信自己可以移山倒海的人太少，到頭來有所成就的人也就不多。

大多數人都將那個聖經裡的成功智慧當成無稽之談，認為在現實人生中不可能發生。我覺得這些執迷不悟的人有一個本質上的迷思，他們誤將信心當作希望。沒錯，我們不能靠「希望」去搬走高山，不能單憑「希望」就飛黃騰達功成名就，也無法光靠「希望」獲得金錢地位。

　　然而，信仰的力量確實可以幫助我們成功搬走高山，只要我們深信自己能成功。你或許會覺得我過度吹噓了信心的力量，並非如此，信心能為你建立起「我真的能夠做到」的態度，這種態度會催生出把事情做成所須的能力、意志以及技術。**只要你深信自己能做到，就會順理成章想出行動方案與解決之道，然後達成任務、解決問題，這正是信心發揮力量的見證。**

　　人人都希望有朝一日自己能成功，享受應有的勝利果實，可是大多數人欠缺自信及決心，因而遍尋不著攀上高峰的路徑，一直未能踏上屬於自己的康莊大道，到最後便與成功無緣。

　　另外，有少數人深信自己一定能成功，抱持著「我就是要登上頂峰」的心態朝目標推進，憑藉堅定的信念而心想事成，我就是其中之一。在我還是個窮小子的時候，我就深信自己有朝一日會是全世界首富，強烈的自信心驅策著我構思出許多可行計畫、方案、技巧與手段，推動我一步步前行，直至我坐上石油產業的霸主王位。

　　我從不認為失敗是成功之母，我只深信，信心是成功

之父。勝利其實是一種習慣，而失敗也是一種習慣，想成功就一定要不斷地取得勝利。**我不愛獲取單一的勝利，我追求的是持續性勝利，唯有如此我才能成為真正的贏家，而激發了我成功的動力，是信心。**

始終相信會有偉大的成果，是所有偉大事業、著作、藝術品，乃至於科學發展背後的驅動力，「相信，就會成功」，是成功人士基本且不可或缺的要素，很遺憾的是，失敗者棄之如敝屣。

我和許多在生意中失敗的人談過話，聽他們說了各種失敗的理由和藉口。這些失敗者常有意無意地提到：「說實在的，我不認為這件事行得通」、「在事情還沒有開始之前，我就已經覺得不妙了」、「這事會失敗我並不意外」。

如果你是抱著「暫且試試，結果應該不怎樣」的態度，最後收獲到的一定是失敗的果實，「不自信」是一種十分消極的態度，當你對你正在做的事情抱持著不以為然的態度，甚至對你所做的事情產生懷疑的時候，你會找到各種理由來支撐你的不自信，懷疑、不相信等心理會讓你向失敗的方向傾斜，加上也沒有多想成功的心態，正是失敗的主要原因。心中有疑，必招失敗，相信自己能獲勝，離成功就不遠。

信心強弱決定了成就的大小，碌碌無為、得過且過的人們不認為自己能有所作為，所以僅能獲得極少的報酬是剛好，他們不覺得自己能有所成就，抱持著這種心態，他

們果真難有作為。既然他們認為自己並不重要，自己做的每件事情也都無關緊要，時間一久，他們連言行舉止都變得越來越沒自信。如果他們不能適度提升自信，他們的自我認知會日漸萎縮，越來越渺小。而他們看待自己的態度也會影響別人看他們的態度，於是這些人在別人的眼中就會變得更加渺小。

不斷積極向前者，是認定自己大有價值的人，這些人通常能獲得高額報酬。他們相信自己有辦法處理艱難任務，而最終結果往往也證明他們真的能做到。他們做的每件事情，個性、想法、見解及待人接物的方式，都證明他們是自己領域的專家，是必不可少的重要人物。

照亮我前進的道路，不斷賜予我勇氣，讓我能夠正面看待人生的，是我的信心。我在任何時候都懂得要增強自信，用想要成功的意志來取代害怕失敗的恐懼。當我陷入困境的時候，我想到的是「我一定會贏！」而不是「我會不會輸？」。當我和別人競爭的時候，我會想著「我能與他們一較高下」，而不是「我根本無法和他們相提並論」。當機會出現的時候，我想到的是我一定能做到，而不是我做不到。

每個人通往成功道路的第一步，也是最重要的關鍵步驟是相信自己，要深信自己就是能成功。要讓這樣的想法主導著我們的思考過程。追求成功的意志會激發我的心智，創想出達成目標的方案，而害怕失敗的恐懼則相反，

它會讓我們胡思亂想而走向失敗。

　　我時常告訴自己：你比自己認為的要好得多。成功者不是超人，成功並不需要超乎常人的智力，它不依靠運氣，也沒什麼秘方。成功者只是對自己有信心、對自己所作所為抱持肯定態度的普通人罷了。所以，永遠不要以低廉的價格將自己與人交易。

　　每個人都是由自己的思想造就出來的，心裡想著的是小目標，那麼可預見到的成果就不大。若構思著巨大目標，就有條件取得巨大的成功。

　　那些在自己領域有所成就的，都是能夠腳踏實地推進自我發展和成長計畫的人，這種訓練計畫能給他們提供一連串報償：得到家人尊重的報償，得到同事與朋友誇讚的報償，實現自我價值的報償，成為大人物的報償，收入大增、生活品質提升的報償。

　　成功，是我們人生的終極目標，它需要我們用積極的思維去實踐，任何時候，我們都要堅持著追求成功的意志。

　　　　　　　　　　　　　　　　愛你的父親

【第10封】忠於自己，方能成大事

1899/11/29

　　我能欺騙對手，但是絕對不會騙自己。

　　命運給我們帶來的並不是裝滿失望的酒罈，而是裝填機會的杯子。

　　親愛的約翰：

　　你的心情好些了嗎？如果還沒有的話，我想對你說些事情。

　　你要知道的是，在這世上多數的人們都難免會受到一種神秘力量的驅策，這種神秘的力量會輕易卸下我們人性的外殼，讓我們的內心全然暴露在陽光之下，並公正無私地把我們判定在純淨或不潔的席位上，使我們所有的抗辯都變得不堪一擊，不管我們多麼能言善道，利益，是檢驗我們人性的絕佳試金石。

　　換個方式來說，利益就是一束光，能夠照出人性的原形，一切與倫理道德相關的真相在它面前都無所遁形。你或許認為我說的話過於武斷，但我的經歷就是這樣告訴我的。

　　我不是什麼人類史的學家，我不知道他們會對人性的高尚或者醜惡做出什麼樣的解釋，但我的人生歷練讓我深

信一件事：利益無堅不摧，它會讓本來能相安無事的人們、種族、乃至於國家湊在一塊，接著就爾虞我詐，甚至殺個你死我活。在那些佈滿陷阱、騙局甚至是抹黑誹謗及醜化的無情對抗中，你都能發現追逐利益的足跡。就這個層面而言，與其說我們是自我心靈的主宰，還不如說我們其實是被利益所驅使的奴隸。

我相信，這世上沒有人不追逐利益的。從你跟人交往的那刻開始，一場永不休止的生存賽局就展開了。在這場賽局中，每個人都是你的對手，包含你自己，你必須與自己的弱點相抗衡，並且與一切把快樂建築於你痛苦上的行為展開對抗。在我看透這些之後，就始終堅持著這個原則：**我能欺騙對手，但是絕對不會騙自己**，而痛擊那些打算摧毀我的對手們，永遠不會讓我感到愧疚。

孩子，千萬別誤會我，我並不是要給這個世界抹上讓人感到壓抑、窒息的暗淡色彩，事實上，我渴望能收獲友誼、善良真誠以及所有能滋養我內心的美好感受，我認為這些感受絕對存在。但遺憾的是，在追逐名利的商場上我很不容易得到這樣的滿足，卻常常會蒙受被出賣甚至詐騙的打擊，直至今日，我還能清楚記起那些遭受欺騙的過程，總是那麼的無法釋懷。

讓我最痛心疾首的受騙上當，發生在克利夫蘭。當時的煉油產業因為過度生產已幾近無利可圖，許多煉油業者都瀕臨破產的邊緣。此外，因為克利夫蘭離油田較遠，這

意味著較之本身就在油田邊的煉油廠，我們要付出相對高昂的運輸費用，因而使自己處於一個不平等的競爭地位。我決定扭轉局勢，便大規模收購那些正在垂死掙扎的煉油廠，整合出一股龐大勢力，團結行動，有錢大家賺。

我告訴那些在克利夫蘭瀕臨破產的煉油廠主們，我們已陷入相當不利的處境，為了維護大家共同的利益，我們必須有所作為。我有個還不錯的計畫，希望大家認真考慮，我們很樂意與有興趣的夥伴一起協商交流。出於良善的想法與戰略上的考量，當時我買下不少已經沒什麼價值的工廠，它們形同老舊的廢鐵堆，只能當垃圾處理掉。

想不到的是，其中有些人相當惡毒，自私自利甚至過河拆橋，他們拿了賣掉廠子的錢之後就開始跟我作對，完全不在意與我講好的協議，用出售廢鐵的錢重新添購設備又幹起老本行，還公然敲詐我，要求我再把他們的新廠子買下來。那些人曾經要求我以誠相待，讓我出好價錢買下了他們形同廢墟的廠房，我如他們所願，但最後的結果卻讓人痛心不已。那一陣子我的心情壞到極點，我甚至質疑自己誠實是不是錯了，不應如此善良，讓自己陷入進退維谷、無力反擊的困境。

最最讓我無法接受的是，在這場追逐利益的賽局中，今日的盟友很有可能到明天就變成了敵人，這種情形層出不窮，就連教會裡的教友都曾經肆無忌憚的多次誆騙我。看在老天的份上，我不願詳述他們的惡行。當我得知自己

一直被他們蒙在鼓裡時，我相當震驚，實在不懂那些和我一起在神前祈禱、誠心立誓要摒棄傲慢與貪婪之心的人，為什麼一轉身就變得下流卑鄙。

經歷了一再的謊言和欺騙，我最後只能莫可奈何地對自己說：只有自己才是可信的，唯有如此才不會受人欺騙。我當然了解這樣帶著敵意的心態不太好，但在這世上有太多的狡詐欺騙，學會提防是生存不可缺少的技能。

跟壞傢伙打交道久了，能夠讓你變更聰明。那些邪惡的「老師們」教給了我很多事，現在誰打算欺騙我，我相信會比翻越大峽谷還困難，因為那幫魔鬼教我學會了和人打交道的法則，我認為這套法則對你也很有用。

我只在確定於己有利而無害的狀況之下，才會表露出自己的情感；我能夠讓對手教導我，但是我絕不教導對手，不管我對那件事了解多麼透徹。做事情不要在意別人的催逼，要懂得三思而行，考慮不夠周全的話絕對不要出手；我謹守自己的原則，向自己負責；要格外留意那些要求我們以誠相待的傢伙，他們大多只是想撈好處。

欺騙，只是追逐利益的賽局中的策略，它解決不了問題。同時我更了解，逐利賽局依然不停在進行著，我必須要隨時保持警覺而且懂得在這場賽局中每個人都是對手，因為人人都是先管好自己的利益，對別人是否有利並不重要。更為重要的是，要學會保護自己，並隨時隨地處於備戰狀態。

孩子，**命運給我們帶來的並不是裝滿失望的酒罈，而是裝填機會的杯子**。振作起來吧！你在華爾街股市失利的事沒什麼大不了的，那是因為你過於相信別人所致。在此，我想提醒你的是，別在同一個地方摔兩次跤。

　　　　　　　　　　　　　　　　　愛你的父親

【第11封】喚起你的貪念，驅動你追求成功

1918/5/6

從貪欲開始起心動念，世界才會進步！

命運要靠你自己去開創，想要什麼就必須想盡辦法去得到。

親愛的約翰：

不必在乎那些說我很貪心的人。這麼多年以來，我一直享受著這個按理說並不值得驕傲的評價──貪心。

這個對我並不友善的評價，最早是在我事業攀上巔峰之時出現的，那個時候洛克菲勒這的名字已不僅僅是我本人的名號，它象徵著財富，也象徵著龐大的商業王國。

當時有不少人，甚至報章雜誌也紛紛依此將我定調，這個的評價沒有讓我不悅，儘管我了解到這種評價是在醜化我，擺明了是要給我建立的商業王國蒙上教人厭惡的銅臭味。然而我知道，人的本性中原本就蘊含著一股力量，一種源自於意志薄弱和能力不足的力量，這股力量的名字叫「嫉妒」。當你有一天超越別人時，他們會嫉妒你，找一些帶有負面、貶義的字眼批評數落你，甚至捏造謊話來毀謗你，還要在你面前表現出不可一世的傲氣。依我所見，那根本算不上什麼傲氣，它正代表著內在的虛弱。有

趣的是，當你遠遠不如他們，生活困苦潦倒之時，也有人會譏諷你，嘲笑你的愚笨、無能，甚至將你貶低到失去身為一個人的基本尊嚴，孩子，這就是醜陋的人性。

生而為人，沒有必要刻意改變本性，我也沒有閒工夫去阻止人們「宣揚」我的貪婪，我能做的，是讓嫉妒著我的人繼續嫉妒下去。我知道我的財富若被那群以「貪心」評價我的人奪走，他們同時也會帶走「貪心」這個標籤，而我並不想讓這種事情發生，除非我中了什麼詛咒，否則誰都別想得逞！

紳士永遠不與無知的人爭辯，所以我不會和評價我「貪心」的人多費唇舌，但是在我內心還是控制不住情緒要鄙視他們的無知。回顧人類歷史，檢視文明進展的步伐，我們可以得出一個結論：人類的社會都是建築在貪念之上的，總是毀謗著我的人，看起來像是衛道者，然而他們哪個人心中不希望能獨佔一些東西呢？最好還能把一切美好事物盡收手中，進而讓眾人需要的東西收納在自己掌控之下。貪念是無止盡的，虛偽者也只會更多不會更少。

說穿了，哪有人不貪心的。當你擁有了一顆橄欖，你就會想要擁有一整棵橄欖樹。我在人世間行走了八十年，見過不愛吃牛排的人，至今卻從沒有見過任何不貪心的人，尤其在商場上，滿口功利、拜金主義的背後都是同一個關鍵詞在支撐——「貪心」二字。我知道，即使到了未來，不貪心者仍會是這個星球上的稀有動物，試問誰會放

棄對於美好事物的渴望呢？

阿奇博爾德先生曾經說過，我是一匹能聞到終點氣味的賽馬，一聞到我就奮力衝刺。我難免有在自吹自擂，但是確實在心中為貪念預留了位置。

我在商校求學時，有個老師曾說過一句令我終身難以忘懷的話：「**貪心不是壞事，誰都會貪心，從貪欲開始起心動念，世界才會進步！**」這句話徹底改變了我的命運。

當老師在講台上說出這段煽動性很強的話時，同學們皆為之譁然，想到一般認知的「貪心」，它的意義背離了既有的道德觀念，從小到大的生活中約束著我們的道德規範，污名化了「貪心」一詞。

然而當我真正步入社會，踏上開創財富的旅程之後，我才深刻體會到，商校的學費花得實在很值得，那位老師的見解簡直是真知灼見。如同專家學者對人們說的，自然界從來都不仁慈和善，這是一個適者生存、弱肉強食的世界。人類的文明社會亦同，你若不夠貪心，到後來你很有可能會被別人吞噬掉，畢竟珍奇美食都是限量的。

如果你想擁有財富與成就，創造輝煌人生，那你的態度就不該只是「貪心是件好事」那麼簡單，而是要認定「貪心」這件事情大有必要。

貪心就意味著我想要，我要得更多，到最後還要能夠獨佔才好。我相信沒有人心中不曾泛出這樣的吶喊之聲。從政者想的是，我要取得掌控權，我要從州長做到總統。

經商者想的是，我想要賺大錢，要賺很多很多錢。為人父母者想的是，我希望孩子們能有所作為，永遠過著幸福、富裕的生活。以上種種，只是受限於道德或尊嚴的束縛，人們才緊緊的將貪念隱藏住，最終讓貪念成為一種不可說的人性枷鎖。

事實上，只要這個追名逐利的世界一天不毀滅，只要還存在幸福並非人人可輕易獲取的一天，人類就一天不會停止貪念。

那些喜歡探詢八卦的人，總是把貪心說成洪水猛獸。依我所見，打開貪心這扇門，並不等於開啟了裝滿罪惡的潘朵拉盒，釋放時時刻刻跳動著的貪念就像釋放我們內在蠢蠢欲動的潛能。我從一個週薪五美元的簿記員奮鬥到今天成為全美首富，正是因為貪心讓我成就了這個契機，貪心是驅使我追求財富的動能，就像它驅動著人類社會不斷進步一樣。

在我說著「貪心」這個詞的時候，你應該更希望我將它換成「志向」或「抱負」。還是免了吧！務實點兒，我們都活在這個貪婪的世間，我認為主張「貪心」，會比「志向」來得更樸實，樸實是我們靈魂中最純真無私的素質，有別於真誠，樸實比真誠更加高尚。

在和山姆‧安德魯先生合夥經營石油公司之初，我的貪念就開始膨脹，我每夜在臨睡前都告誡自己：我要成為克利夫蘭最成功的煉油商人，讓源源不絕流出的原油都變

成大把大把的鈔票，我要讓自己的每個念頭都從利益出發，助我變成石油大王。

在剛開始的那段時間中，我事事親力親為，整天忙碌著。我指揮著煉油，規畫著運輸油品的鐵路網，謀思各種方法來節省成本，以擴充我的石油系列產品市場。那段廢寢忘食、夜以繼日拼搏的日子，我永遠都忘不了。

孩子，**命運要靠你自己去開創，想要什麼就必須想盡辦法去得到**。失敗和成功的距離並非像傳說那樣僅僅在一念之間，取決於誰的貪念更強烈，誰具備這樣的能量誰就能發揮全力不斷自我超越。讓自己每個前進的步伐都感受到貪心的威力吧！貪心不但能幫助人將自己的力量發揮到最大，也能驅使人獻出所有，克服千辛萬苦，勇往直前。

許多人都問過我這個問題：「洛克菲勒先生，是什麼讓你走向了財富的頂峰？」早期我不敢表露出自己的真實想法，因為貪心總是不被世俗的眼光所認可，然而事實上，支撐我成為全美首富的正是我內心的貪念。

每個人內心都隱藏著一顆活力十足、力量充沛的貪念，只要你能先愛上它，跟自己說貪心是必要的，我有很想要的東西，而且我想要很多，如此一來貪心就會助你一臂之力，幫助你走向成功。

沒有什麼力量能阻止我的貪心，因為我渴望成功。不必排斥在貪心的驅策下取得的成功，追求成功是值得推崇的高尚行為，成功帶給我的貢獻遠比貧困時更多。結果證

明，我成功了。

　　看看我們至今做到的善舉吧！把大筆金錢挹注到學校、教會、醫院以及貧困者身上，並非偶爾一時興起的施捨，而是一份非凡的慈善事業，你看，我的成功讓這個世界變得更美好。貪心果然是好事，怎能說是罪惡呢？

　　因此，說我貪心的人如果出發點不是想醜化我，那我欣然接受他們對我的評價。

　　孩子，我才是我自己生命的重心，什麼適合我，由我來決定，所以我並不在乎人們說了什麼，我的內心不為所動。在某些人的眼中，我始終都是個有卑鄙動機的生意人，即便是我大力贊助許多慈善事業，也被他們認定是另有盤算的詭計。他們懷疑我有追求利益的自私動機，卻對我無私奉獻的公益之舉視而不見，有人甚至還說我這麼做是為了贖罪，真是可笑至極。

　　我真誠地對你說，你這個父親絕不會讓你蒙羞，我口袋裡的每分錢都是我辛苦賺來的，它們是乾淨的。我之所以能成為有錢人，是我強烈事業心的回報。上帝賞罰分明，而我的財富正是由上帝所賜予的，我能夠一直賺到錢，正因為上帝知道我會將錢回饋給社會，造福人群。

　　我讀《聖經》的時間到了。今晚夜色很美，每顆星星似乎都在對我說：「你做得不錯，約翰。」

愛你的父親

【第12封】人太好，就等著去地獄報到

1918/8/11

我喜歡的不是錢，而是賺錢這件事。

坐視著對手的勢力持續強大，就等同是在減弱自己的力量，到最後將顛覆掉自己的優勢地位。

親愛的約翰：

我今天在去高爾夫球場的路上，碰到了一個難得的挑戰。有個年輕人開著一輛拉風的雪佛蘭，輕鬆超越了我的車子，此舉大大激起我這老頭爭強好勝的本性，到後來，他只能看著我的車尾燈漸漸離他遠去。這件事讓我感到很開心，就像是昔日我在商場上戰勝對手一樣開心。

孩子，好勝是人的天性，所以我才會說，那些批評我貪得無厭的人都說錯了，其實**我喜歡的不是錢，而是賺錢這件事**，我喜歡的是取得勝利的快樂感受。

話說回來，讓別人輸並不那麼讓我感到舒服，但商場就是這樣，經商是嚴酷的戰鬥，沒有什麼事比決定要讓別人被淘汰更殘酷了，不過只有想盡辦法打敗對手你才有把握能獲勝，任何競爭皆然。

當然，成功不免會有所犧牲，如果你想贏得最後的勝利，就必須要將同情別人的念頭拋諸腦後，不能老想著做

好人，別保留實力，不要有所退縮或讓你的對手延後出局。知道嗎？地獄裡的好人比你想像的還要多，商戰不可避免會有失敗的痛苦，對戰的兩方彼此都在進行消滅對手的事情，若不能下定決心奮鬥到底，那你就註定要淪為失敗者。

說實在的，我厭惡競爭，但還是會努力去一較高下。每次遭遇到強勁對手，我心中那種爭強好勝的本性就會被點燃，而在戰火熄滅時，我收穫到的總是勝利的喜悅，而博茲（Joseph D. Potts）先生就曾經給我帶來過這種巨大的快感。

與博茲先生的競逐，起因於一個誤會，一個因為好心而導致的誤會。在 1870 年代，煉油產業都集中在賓州西北部地區一個不是很大的地方，我打算在那裡鋪設出一條輸油管道網路把所有的油井連接起來，如此我只要借助一個閥門便能輕鬆控制整個油區的開採情況，進而徹底掌控整個產業。我當時擔心，利用管道進行長途運輸會讓那些與我合作的鐵路公司感到不安，為了他們的既得利益，我一直把鋪設輸油管道的計畫擱置在一旁。

然而那個曾經設計過我，最後又認輸的賓州鐵路公司卻一直蠢蠢欲動，甚至想幹掉我，把煉油產業納入他們的掌控之中。他們打算將油區最大的兩條輸油管道併進自己的鐵路網，以此鉗制住我。而負責完成這一計畫的人，就是賓州鐵路子公司帝國運輸公司（Empire Transportation

Company）的總裁博茲先生。

坐視著對手，哪怕只是潛在對手的勢力持續強大，就等同是在減弱自己的力量，到最後將顛覆掉自己的優勢地位。我不是笨蛋，我謀思著要在別人之前搶先達成目標。我馬上與強悍且精明的奧戴先生合組美國運輸公司，要跟帝國運輸公司展開激烈對抗。感謝老天最終站在我們這邊，我們的付出終於得到應有的成果，還不到一年時間，我們就取得了當地油區四成的油品運輸業務，擋住了博茲先生的攻勢，而這一切僅只是我和博茲先生交手的序幕。

在這世上，有所成就者都是懂得勾勒自己理想藍圖的人，如果找不到符合藍圖的環境，他們會自己創造一個。

過兩年之後，在賓州北部的布拉德福德市出現一個新的油田，我的合夥人奧戴先生立刻帶領人馬前往那片瘋狂之地，沒日沒夜地將輸油管道鋪設到新油田區，但是油田的開採者們都太瘋狂了，完全都不懂得節制，簡直像是要在一天內就把所有的油都抽光，然後興高采烈的帶著大把鈔票離去。此時，無論奧戴先生一夥人如何努力，都沒辦法解決運輸和儲存石油的所有需求。

我不願見到那些辛苦的採油業者毀掉自己，所以我請奧戴先生勸誡他們，他們的開採量已遠超過我們現有的運輸量能，非縮減產量不可，不然開採出的原油將變成不值一文的污水。但顯然沒人想聽進我們的好意相勸，更沒人珍視我們的賣力付出，反而一再責怪我們，抱怨我們不願

運送他們的原油。

　　就在布拉德福德的石油開採業者們激動的情緒達到臨界點之際，博茲先生出手了。他先是在我們紐約、費城和匹茲堡的煉油基地對我們耀武揚威，收購我們對手的煉油廠，接下來就開始在布拉德福德地區鋪設管道以搶佔地盤，想將該地產出的原油運送到他旗下的煉油廠。

　　我欣賞博茲先生的膽識，也接受他這種試圖撼動我霸主地位的挑戰，但是我終究要將他趕出煉油行業。

　　我先是去拜訪賓州鐵路公司的大老闆史考特（Thomas A. Scott）先生，直接對他說博茲根本是個掠奪別人成果的傢伙，他闖入了我們的勢力範圍，此事應該被制止。然而史考特先生相當頑固，他決心要支持博茲的強盜行徑。我別無選擇，只好與這個極強大的敵人開戰。

　　首先，我終止了集團內給賓州鐵路公司承攬的所有業務，並指示我的部屬們將運輸需求全都轉包給始終堅定站在我們這邊的另外兩大鐵路公司，並協商他們降低運費來與賓州鐵路公司競爭，削弱其影響力。接著我下令關掉匹茲堡所有仰賴帝國運輸公司的煉油廠。賓州鐵路公司當時是全美最大的運輸公司，史考特先生是全美運輸業的霸主，他們最驕傲的是從未遭逢挫敗，而就在我的混合攻勢之下，他們最終只能向我屈服。

　　當時他們為了跟我對抗，咬牙給我們的競爭對手大幅度的折扣，換言之，他們提供服務給客戶還付錢給對方。

他們還搞出了一個我看來很傷人心的爛招——削減員工薪資甚至裁員。史考特和博茲完全沒料到，就是這個爛招導致他們吃到苦頭，那些遭受不平待遇的憤怒員工們為了發洩自己內心的不滿，放火燒掉他們的數百輛油罐車和相關交通工具，逼得他們不得不向華爾街的銀行家們貸款來紓解危機。最終的結果是，當年賓州鐵路公司的股東不但沒能分到紅利，股價也是一路跌到谷底。他們跟我對決的後果，就是他們的口袋越來越清爽。

　　博茲先生不愧是出身軍旅，並且從硝煙戰場中獲得上校軍銜的人，他有不屈不撓的精神，在勝負已分的情況之下依然想與我鏖戰下去，然而同樣是軍人背景的史考特先生，儘管之前表現得相當強硬，但他懂得何謂識時務者為俊傑，果斷向我低下了自己目空一切的額頭，派人傳信給我表示想要談和，聲明要放棄油品運輸的業務。

　　我始終知道，博茲上校很想證明自己是個千年難尋的非凡人士，可是他功敗垂成，徹底的敗了。幾年以後，博茲先生摒棄了跟我作對的態度，變成我一個下屬公司裡非常勤奮的董事，一個滑不溜丟的精明油商。

　　傲慢容易招致失敗。史考特和博茲這樣的人，總是自認出身過人，不可一世。到頭來，當我成功收服他們時，美好的成就感便在我心裡油然生起。

　　孩子，我當然喜歡贏的感覺，但是我不會為了求勝而毫不節制，**不計任何代價的成功不是真成功，而惡質的競**

爭招數令人不齒，那形同自掘墳墓，並且永難翻身，即便
僥倖贏到一回小勝利，也難保還有再一次的勝利。

有為有守不代表要壓抑求勝的決心，而是要採用更合
乎倫理道德的方法贏取勝利，在此原則下，公平、公正、
不受情緒影響的去達成目標，這是我期許你能做到的。

愛你的父親

【第13封】人總要為免費的午餐付出代價

1911/3/17

> 想讓某人變殘廢，你只要給他一副拐杖，然後等個
> 一段時間就能如願。

> 人活著必須對自己負責，要創造讓自己的生命與存
> 在具有尊嚴的事情。

親愛的約翰：

我想你應該有看到那則批評我吝嗇，說我捐款少的新聞了，這其實沒有什麼，我一生中被這些記者罵的夠多了，早就習慣他們對我的一知半解與吹毛求疵了。我對他們的回應之道只有一種，就是不回應、不解釋，不理睬他們到底怎麼說，我很了解自己在想什麼，我堅持自己並沒錯。

每個人都要選擇自己所走的道路，關鍵是要對得起自己。我為什麼很少去理會那些請求我出錢幫他們解決個人問題的人，以及為什麼比起找我出錢，我更喜歡人家來告知我賺錢的門路，有個故事很能夠說明：

有一農家圈養了幾頭豬，突然有一天，主人忘了把圈門關上，於是那幾頭豬逃跑了。經過了幾代的繁衍，這些

豬變得非常兇悍狡猾，甚至開始威脅到當地的行人。有幾個經驗老道的獵手得知這件事情，想要為民除害，可是這些豬很聰明，從來都不會上當。

約翰你看，當豬開始獨立的時候，都會變得那樣的聰明兇悍。

某天，有個老人趕著一個拖兩輪車的驢車，載滿了糧食和木柴走進這片野豬肆虐的村莊。當地的居民十分好奇，前去詢問老人：「你是從哪裡過來的啊，要去做什麼？」老人告訴他們：「我是來幫你們抓野豬的啊！」村民們聽了便笑他：「別開玩笑了，連打獵老手都搞不定的事情，你怎麼辦得到。」

兩個月之後的某天，老人回來了，並且告訴村民，野豬都被他關進山頂的獸欄了。

居民們大感驚訝，不斷追問老人是如何做到的。

老人說明：「第一步，我找到了野豬時常出沒的地方，然後在空地上放一些食物當成誘餌，那些豬剛開始的時候不敢靠近，只是好奇的在附近跑來跑去，聞東聞西探查著，不用多久就有一頭老野豬來吃第一口，隨後其他野豬也跟著吃起來。這時候我就心裡有數，我一定能夠捉到他們。」

「於是，第二天我又多加了一些糧食，並且在不遠處

立起一塊木板。那塊木板像是怪物一樣，讓他們一下子不敢靠近，但是眼前的美食太有誘惑了，不久之後他們就又跑過來大膽開吃。而在之後的日子中，我所需要做的，僅僅是每天在糧食周圍一片接一片地把木板圍起來，第一階段工程很順利就完工了。」

「接著，我挖了個坑將我的第一根角樁立起來。每次多完成一些工事野豬們就會不見一段時間，但後來終究還是抵抗不了眼前美食的誘惑。就這樣，獸欄搭建完成，門我也做好了，野豬們很習慣大搖大擺地走進獸欄覓食，當我冷不防把門關上時，那些吃得正高興的野豬們就這樣被我一網打盡了。」

這個故事的啟示不深奧，野獸如果習慣了靠人類餵食，牠的生存智慧就會消失，接下來的遭遇顯而易見。同理也適用於人，**想讓某人變殘廢，你只要給他一副拐杖，然後等個一段時間就能如願**；換言之，在一段時間裡，如果你持續給一個人提供免費的午餐，會讓他培養出白吃白喝的習性。要記得，人在媽媽肚子裡時就開始習慣被照顧了。

沒錯，我總是在鼓勵你要學會幫助人，送人一條魚，你只能養活他一天，如果教會他怎麼抓魚，可以讓他自立生活一輩子。這個與抓魚有關的老道理非常有意義。

單純的資金援助不是好的作法，它會讓人失去勤奮的

動力，變得慵懶且喪失進取心、欠缺責任感。更重要的是，**你給一個人施捨，等於在否定他生存的尊嚴，否定他的尊嚴等於掠奪了他的命運**，這實在很不道德。身為一個很有錢的人，我有必要造福人類，且不能到處造就懶人。

任何人一旦養成懶惰的習慣，這習慣就會一直盤據著他的生命，習於享用免費的午餐不會讓一個人走向光明的道路，反而會讓他放棄了成功的機會。勤奮是最關鍵的贏家之道，工作是追逐成功不可避免的手段，幸福與名利要靠勤奮工作來獲取。

遠古之時，有個非常英明的老國王，他想編寫一本智慧寶典，來讓後代子孫藉以延續千秋萬世。有一天，他召集自己最聰明的臣子前來，對他說：「沒有智慧的大腦，就像是缺了蠟燭的燈籠。我需要你們編寫一本跨時代的智慧寶典，來照耀我子孫的前行之路。」

聰明的臣子們領命離去後，用很長的時間完成了一本十二卷的巨作，並且驕傲的告訴國王：「陛下，這就是跨時代的智慧寶典。」

老國王看了之後說道：「各位，我相信這是各個時代智慧的結晶，但是它太厚重了，我擔心我的子孫們讀完之後還是掌握不到核心要義，你們將它濃縮吧！」

於是，這些臣子又花費了很長時間，經過大量刪減之後將所有內容濃縮成一本書，但老國王還是嫌太長，命令

臣子們繼續提煉縮減。

聰明的臣子們將整本書濃縮成了一章，接著再濃縮成一頁，然後精簡成一段話，最後則變成一句話。英明的老國王看到這句話感到非常滿意，他說：「各位，這真的是跨時代的智慧結晶，能讓所有人領略到這個道理，我們遇到的問題幾乎都能迎刃而解。」

這句話就是：「天下沒有免費的午餐」。

智慧之書的首章，亦即末章，就是：「天下沒有免費的午餐」，如果世上的人們都懂得想要有所成就必須努力工作的話，這世界就會變得更美好，而那些只想等著吃免費午餐的人，終究要付出應有的代價。

人活著必須對自己負責，要創造讓自己的生命與存在具有尊嚴的事情。

愛你的父親

【第14封】懂得裝傻是真聰明

....

1890/10/9

未經歷過不幸，是人生最大的不幸。

自作聰明的人其實是笨蛋，而那些懂得裝傻的人則是真正的聰明人。

親愛的約翰：

明天，我就要回到克利夫蘭的老家處理我們家族自己的事，我希望在這段時間你能夠代理我的某些工作。提醒你，若碰到自己難以定奪的事，一定要請教蓋茨先生。

蓋茨先生是我的最佳幫手，他對我誠摯忠實，有什麼意見都會直言，做事盡職且責任感強，精明幹練的他總幫助我做出最明智的決定。我十分信任他，相信他能對你有很大的幫助，當然，你必須給予他應有的尊重。

孩子，你是布朗大學畢業的資優生，在經濟學和社會學方面的學養過人，但你應當了解，書本上的知識終究只是知識，若未能將知識付諸行動，什麼實際成果都沒有。教科書裡的內容基本上都是知識的工匠們閉門在象牙塔裡編寫而成的，想用來解決實際的問題沒那麼簡單。

希望你能放下對於學問、知識的過度依賴，這是走向人生康莊大道的關鍵所在。

要了解，**你要懂得活用所學，才有辦法讓知識發揮其作用。要成為活用學問者，首先你要成為有行動力者。**

那麼，行動力從何而來呢？我認為，這些需要從吃苦中得來。從經驗中我學會，走過充滿艱難與困苦的道路，不僅能讓我們鑄就堅韌性格，我們也會練就一番賴以成事的行動力。在艱難中不斷向上攀爬的人，就算千方百計也要找到通往成功的道路。成功不怕吃苦，這是我抱持的行為準則。

也許你會笑我，認為傻瓜才會自找苦吃。不，**未經歷過不幸，是人生最大的不幸。**很多事來得快也去得快，那些一夜成名，一夜暴富的人，往往在極快的時間內就一無所有了。吃苦給人收獲到的，就是讓自己的事業建築在紮實的基礎上，而不是像流沙那樣轉瞬即逝。人必須有遠見，長時間吃苦才能長時間有收穫。

我想你有發現到，從到我身邊工作之後，我沒有把什麼重要的任務交給你。但是這不表示我不看重你的能力，我只是希望你先從把小事做好開始。

小事能做好，大事沒煩惱，若一開始你就高高在上，就不容易了解部屬在想什麼，也就做不到靈活調動下屬。在這世上想存活就要締造成就，為此你要懂得善用人力，也就是別人的力量，而要做到這點，你要學會從小事做起，了解部屬的思維，有朝一日你身居要職時，就會更明白如何讓他們為工作貢獻出自己全部的熱情。

孩子，這世上有兩種聰明人：其中一種是能夠活用自己的聰明人，比如學者、演員或藝術家。而另一種就是活用別人的聰明人，比如那些領導者、經營者。而後一種人需要一個特殊能力，那就是掌控人心的能力。然而很多領導者都是自作聰明的傻子，他們認為想要掌控人心就要採用自上而下的領導風格。在我看來，此舉不但未能發揮領導力，反而難以調動部屬。每個人對於受輕視都很敏感，被人小看會喪失動力，所以這種領導者會讓部屬越來越無能。

豬被人誇獎之後，連樹都能爬上去。懂得如何驅使別人的領導者、經營者或者那些大有作為的人，大多是寬宏大度的，他們知道如何讚美別人、重視別人，為此他們必須付出相當的感情，而付出這些感情的領導者最終一定會獲勝，並且得到部屬滿滿的敬重。

知識不足者難有作為，而饒富知識的人則很可能淪為知識之奴。一切知識都會變成我們的主觀認知，形成了「我懂」、「我知道」、「這個社會原本就是這樣」之類的僵化保守心態，這種心態一形成，想要追根究底的興趣便不再有，失去興趣就會喪失前進的動力，最終留給他的就只剩下無趣的人生了。這就是為什麼「不了解」會讓一個人成功。

在自尊心與榮譽感的影響之下，許多擁有一定知識量的人對於不甚了解的事總不便開口問人，似乎請教別

人、承認自己不懂，是一件多麼丟臉的事，甚至將無知視為一種罪惡。這種聰明實在笨到不行，這種人永遠都不會懂得，每次說「我不了解」，都將成為我們人生轉折的機會點。

自作聰明的人其實是笨蛋，而那些懂得裝傻的人則是真正的聰明人。若以獲利多少來做衡量聰明程度的標準，那我顯然並不笨。

我至今都還清楚記得，我某次裝傻的場景。那時我正在為怎樣籌到一萬五千塊錢而煩惱，就連走在大街上時我都在一直在思考解決方案。有趣的是，當我滿腦子想著如何借到錢時，有個銀行家把我攔住，他從馬車窗口探出頭低聲問我：「洛克菲勒先生，你需不需要五萬塊錢？」

在那一刻，我簡直不敢相信自己的耳朵，好運上門了嗎？當時我努力抑制自己內心的急切，我看著對方，緩緩對他說道：「請給我二十四小時考慮，謝謝。」結果我用最有利於我的條件達成向他借款的協定。

裝傻給你帶來的好處有很多。在此，裝傻的含義是降低自己的姿態，謙虛以對，也就是說，別讓你的聰明外露。越是聰明的人越要懂得裝傻，俗話說得好，越飽滿的稻子越會垂下自己的稻穗。

孩子，先要樂於裝傻，接下來才能熟能生巧，現在就開始學著如何裝傻吧！

我知道，在暫別的日子裡，由你獨當一面不是件容易

的事。「想一想再決定」，是我奉行不渝的準則。我有一個做事情的習慣，就是做任何決定之前先冷靜考量、研判，一旦做下決定，就會堅持進行到底，我相信你一定也能做到。

愛你的父親

【第15封】財富只是勤奮的副產品

1907/1/25

　　勤奮不是為了別人而是為自己，自己是勤奮的最大收益人。

　　財富是給我們勤奮工作的嘉獎。財富不是目的，它只是勤奮工作的衍生品。

　　親愛的約翰：

　　收到你的來信我非常開心。你的信中有兩句話寫得很好，一句話是「我若沒成為贏家，那是因為自暴自棄」，另一句是「勤奮出貴族」。這兩句話是我奉為圭臬的人生準則，不謙虛的說，根本就是我人生的寫照。

　　那些不友善的報章雜誌在提及我開創的事業與財富時，總會把我比喻成天賦過人的賺錢機器，事實上他們對我完全不了解，更是對歷史毫無概念。

　　身為一個移民，努力實現願望是天性。在我還很小的時候，我母親就把節儉、勤奮、自立、守信、永不懈怠的創業精神完美植入到我的思想中。我信奉這些美德，並且把它們當成偉大的成功準則。時至今日，我仍然深信著這些偉大信念，而這一切最後都成為我往上攀登的台階，把我一步步送上財富之路的頂端。

那場幾乎改變了美國人民命運的戰爭讓我收穫很大。坦白說，是它成就了我今日商界鉅子的地位。沒錯，南北戰爭帶來了從未見過的龐大商機，它讓我提早變成了有錢人，讓我在戰後的商機爭奪戰中得以憑藉財富優勢在競爭中脫穎而出，我接下來才能夠越來有錢。

　　就像時間那樣，機會對每個人都是平等的，為什麼我能抓住機會變成有錢人，而更多的人卻錯失機會，到頭來只能淪落貧困境地呢？難道就像那些指責我的人所說的，是因為我貪念太重嗎？並不是，主要是因為我勤奮。機會向來只留給勤奮者。在我還很小的時候，我就深信一個成功準則——**財富不是目的，它只是勤奮工作的衍生品。**每個目標的達成都源於大腦的勤奮思考以及勤奮的勞動付出，財富夢想的實現也相同。

　　我非常推崇「勤奮出貴族」的觀念，它是我極為尊崇的座右銘。不管是以前還是今日，不管是在北美還是在遙遠的神秘東方，擁有財富、地位、尊榮的貴族們都有著不願止息的心，都有堅強而有力的臂膀，而他們身上顯現的毅力也令人欽佩。而正因為他們擁有這樣的素質，才得以建立自己的事業、累積財富，贏取世人的尊敬，最終成為舉足輕重的人物。

　　孩子，在這個不停變化的世界裡，貴族世家未必能代代富貴，窮人也未必注定無法翻身。如你所知，在我小時候家境貧寒，只有破爛衣服可穿，生活常常需要善心人士

接濟。如今我擁有一個龐大的財富王國，還能將巨額的錢財挹注到慈善事業中。就好像是世間萬物都會變化那樣，出身卑賤的窮人，憑藉自己的努力，執著地追求夢想，也可以有出人頭地的一天。

所有榮耀都要靠自己去爭取的，唯有如此，名利、榮耀才能持久。但是在當今社會上，我看到的很多富二代都處在不思長進的狀態之下，他們大多都欠缺積極進取的精神，終日好吃懶做，敗盡家產，以至於很多生於富裕的人最終結果是在貧寒中死去。

孩子，你要教導你的下一代，若想在人生的競技場上成就自己，享受到成功的快樂，贏得世人的尊重，一切都都要靠自己的雙手去開創。要讓你的孩子們知道，榮譽的冠冕只會戴在勇者的頭上，**勤奮不是為了別人而是為自己，自己是勤奮的最大收益人。**

從小我就深信，不辛勤勞作就難有豐收的果實。身為一個窮人的孩子，除了靠勤奮求得成功和財富，贏得尊嚴之外，我別無他法。我上學的時候並不是個聰明的孩子，但是為了不落人後，我勤奮地溫習功課且堅持不懈。在我十歲的時候就知道要努力做家事，擠奶、耕種、打水、砍柴，我什麼都要做，什麼都會做，而且我從來不吝惜自己的勤奮。正是農村時期那段艱辛歲月，磨練出我的堅強意志，讓我在日後創業時能堅忍不拔，塑造出我更堅強的自信心。

我每在陷入困境時總能保持平靜，直到最後終於成功，有很大部分原因都得益於我自小就建立的自信心。

勤奮能夠提升一個人的素質，更能培養出優秀的能力。我在休伊特─塔特爾公司任職的時期，成為能力過人的年輕簿記員，在那段時間，我一直日以繼夜工作著，當時的雇主說，以你這種非凡的毅力，假以時日一定會成功。儘管當時我不知道我的將來是如何，但我深信一點，只要我用心去做一件事情，就一定不會失敗。

時至今日已年近七十的我，依然在商海奮戰。我懂得，結束生命最簡便的方式就是啥也不做。人人都有權利把退休生活當成另一個開始，那種終日無所事事的活法會讓人中毒。我一直都認為退休是人生再出發的起點，我沒有一天停止過為目標奮鬥，因為我明白生命的真諦為何。

孩子，以我今日的地位，巨額財富不過是我比常人更努力而換來的。我原本只是個普通人，頭頂上沒什麼桂冠，這麼多年來憑藉著堅強的毅力和不斷耕耘，最後終於實現夢想。我的榮耀實至名歸，那是我用血汗一點一點澆灌而來的，淺薄的人們對我的嫉妒與詆毀並不公允。

財富是給我們勤奮工作的嘉獎，這讓我能更堅定信念。認準目標，憑藉著自信心繼續努力吧！孩子。

愛你的父親

【第16封】為成功找方法，不為失敗找藉口

> 我看不起那些擅長給自己找藉口的人，因為那是非常懦弱的行為。

> 九成九的失敗都是因為人們老是在為自己找藉口。

親愛的約翰：

斯科菲爾德船長這次又敗北了，他顯然是氣壞了，他在盛怒之下將自己那根精美的高爾夫球桿給扔到不知去向，看來他必須再買一根新球桿了。

坦白說，我個人蠻欣賞船長的個性，人生奮鬥的目標無非是求勝，打球亦同，所以我打算買根新球桿送他，但願他不會看成這是我肯定他發怒之舉的獎勵，否則他一直來這套我也很頭痛。

斯科菲爾德船長還有個讓人讚賞的優點，儘管輸球讓他不爽，但是他卻認為贏球不是關鍵，努力求勝的態度更重要，所以每次他輸球從來不找藉口。其實，他完全可用年齡大、體力跟不上等理由解釋為何輸球，幫自己留一點顏面，但他從不這麼做。

我的看法是，找藉口是一種心理疾病，而患有這種病症的人個個都是失敗者，不過，有些人的症狀較輕微。而

【第16封】為成功找方法，不為失敗找藉口 - 105

且，一個人越成功就越不會找藉口，事事成功的人與碌碌無為的人之間最大的差別，就在於找不找藉口。

在日常生活中，稍微留意你就能發現，那些沒什麼作為也未曾計劃想有所作為的人，常常會有一堆有的沒的藉口來解釋：自己為何沒做到、為何不那樣做、為何自己無法做……。失敗者在面對自己失敗的時候，第一件事就是給自己的失敗找各式各樣的藉口。

我看不起那些擅長給自己找藉口的人，因為那是非常懦弱的行為，同時我也同情很愛給自己找藉口的人，因為**藉口往往是失敗的源頭。**

失敗者一旦找到看似好用的藉口，就會將其視為救命稻草緊抓不放，然後總是用此藉口來解釋：為什麼他沒有辦法做下去、為什麼他不能成功。剛開始時，他還心裡有數自己的藉口其實是在騙人，但是當藉口說習慣了他的大腦就會自我欺騙成功而當真起來，認為藉口的說法是自己不能成功的真正理由。接下來，大腦逐漸懶於思辨，設法排除萬難求勝的動力日趨歸零，這種人從不願意承認，自己根本就是個愛找藉口的人。

我偶爾會見到有人挺身說道：「我是藉由自己努力獲得今日成就的。」然而到今天為止，我還沒見過任何人勇於承認自己必須對失敗負責。失敗者總是有自己的一套失敗藉口，他們會把自己的失敗歸因於家人、個性、年紀、大環境、時機、種族、信仰甚至占星流年，而這些藉口中

最糟糕的莫過於自己的運氣、才智與健康情形。

　　我們常常見到的藉口，就是我們身體健康的問題，通常一句「我身體不舒服」或是我有這樣或那樣的疾病，都能算是事情做不成的理由。然而，沒人是百分之百健康的，人人總會有某種生理上的毛病。

　　很多人往往會屈服於自己的藉口，而一心想要成功的人則沒那麼多藉口。蓋茨先生曾引薦給我一個大學教授，他在某次旅行意外中失去了一隻手臂，但他就像我認識的那些樂觀的人那樣，時常面帶微笑，常對別人伸出援手。有一天我們在談到他少一隻手臂時，他跟我說：「那不過是一隻手臂。當然，兩隻會比一隻好。但慶幸的是，被切掉的只是一隻手臂，我的心靈還是完整無缺，為此我感到無比欣慰。」

　　老話說得不錯：「我總是在為自己沒有好鞋穿而懊惱，直到有一天我發現有人沒有腳。」慶幸自己身體還算健康，總比老是抱怨著哪裡不舒服好得多。為自己的身體健康而虔誠祈禱並心存感激，能避免許多病痛的滋生。我常提醒自己：讓自己累一點還是比放任腐壞要好。生命是讓我們享受的，如果將寶貴時間浪費在擔憂健康而憂思成疾，那還真是不幸的事啊！

　　像「我就是沒那麼聰明」這樣的藉口也常有人說。將近百分之九十五的人都有這種毛病，差別只是程度不同。這種藉口和別的不一樣，它常常表現在什麼都不說。人們

不會坦承自己欠缺聰明才智，很多時候都只是在內心默默覺察。

多數人對於「才智」一事有兩種錯誤認知，一是過度低估自己的智力，二是過度高估別人的智力。往往因為這些錯誤認知，使得很多人不夠看重自己，他們總是逃避挑戰，因為那需要相對較高的才智。覺得自己不夠聰明的人們實在愚蠢，他們沒有想到，若不考量自己的才智能力而先勇敢採取行動，往往能做出一番成績。

我認為最重要的是，不要在乎你夠不夠聰明，而是你如何使用你當前已具有的才智。要想成為合格的商人，不需要你有多麼靈敏的商業嗅覺，不需要你有怎樣過人的記憶力，也不需要你在求學時期成績多麼好，這其中的關鍵是你要對經商有濃厚興趣與信心。興趣與信心，是決定你能否成敗的重大因素。

事情的成果往往與我們投入的程度成正比，用心投入一件事情能使事情變好千百倍。很多人不知何謂投入，投入就是那種「將事情當做自己畢生志業去做」的那種執著和幹勁。

那些才智平庸的人，若能擁有樂觀積極的處世心態，將比才智出眾卻始終悲觀、消極的人獲取更多的財富，贏得更多的尊重，並且獲得更大的成就。一個人不管他面對的是瑣碎的小事還是艱巨而重要的計畫，只要能保持熱忱去完成，成果將遠遠好過於那些聰明但懶散的人，因為專

注與執著決定了一個人百分之九十五的能力。

有些人總是在不停感歎著，為什麼那麼多優秀的人最後的結局是失敗呢？如果一個非常聰明的人老是把自己所有的聰明才智用於否決成功的各種可能性，而不是去運用資源尋找成功之道，那麼失敗是無法避免的。消極思想始終盤據著他們的思緒，令他們無法一展長才而最終一事無成。如果他們能夠改變這種心態，相信可以做出很多偉大的成就。

想成就大事卻不去思考的大腦，到頭來也不過是一團廉價的肉泥。

讓我們的聰明才智得以發揮的思考方式，比才智的高低重要得多，就算學歷再高也違背不了這個成功的基本準則。先天才智的教育程度不能成為分析成就高低的依據，關鍵還是在思考方式的差異。成功的商人從不自尋煩惱，而是一直常抱熱忱。要改變天賦的素質並不容易，但要優化運用天賦的方法倒不難。

很多人都很推崇「知識就是力量」這句話，在我看來這話只說對一半。把才智不足當成藉口的人，都錯誤解讀了這句話。知識是一種潛在的力量，只有將知識付諸實際應用中，而且能產生價值的應用，才能夠彰顯其價值。

在標準石油公司中，沒有什麼活字典式的人物存在，因為我並不需要那些只知記憶，卻不去思考的「專家們」。我需要的是真正能解決問題，能想出各種辦法的人，是有

夢想且能夠勇敢讓夢想成真的人。有創意想法的人能幫助我賺大錢，那些只知死記硬背資料的人則很難做到。

　　一個不拿才智當藉口的人，從來不會低估自己的才智，也絕不太高估別人的才智。他將自己的才智全部專注用在自己的資源上，並致力發掘自己擁有的優異能力。他知道真正重要的不在於有多少聰明才智，而是如何運用自己的才智並善用之。他會經常提醒自己，心態遠比才智重要，他有建立「必贏不可」心態的強烈企圖。

　　他知道如何運用才智去創造奇蹟，運用才智去找出各種解決問題的方法，而不是去證明自己終將失敗。他知道，思考遠比死記硬背更重要，他要用自己的頭腦去創造、去發展新的觀念，去不斷追尋更好更新的做事方式。他會隨時提醒自己省思，我是在用聰明才智創造歷史，還是記錄別人創造的歷史。

　　事出必有因，人們的遭遇通常都不是碰巧發生的。很多時候，人們總是將失敗歸因於運氣太差，看到別人成功時就認為那是因為他們的運氣太好了。我從不信什麼好運壞運，除非我認同用心籌備的計畫或行動稱為「運氣」。

　　如果人們將誰該做什麼都托付給運氣，那麼相信每種生意最終都會失敗。假設標準石油公司要靠運氣來實現改組，那就把公司所有職員的名字放到一個大桶子裡，第一個被抽到名字的人當總裁，第二個人當副總裁，按照這個順序把所有職務安排完畢。這樣聽起來很荒謬吧！然而這

就是運氣在做的事。

我從來不會屈服於運氣的擺布，我只相信因果論。看看那些似乎鴻運當頭的人，你會發現應該不是運氣在作功，而是完善的籌備、規畫與積極思想給我們帶給成功的。看看所謂「運氣不好」的人，你會發現失敗都是有原因的。成功者在面對挫折時會從失敗中學習，再開創另外一個機會，而平庸者往往會因而懷憂喪志。

一個人很難僅憑運氣獲取成功，而是要靠努力付出來取得成就。我從不妄想靠運氣來成功，所以我不斷發展自我，修煉出讓自己成為「贏家」的各種素質。

大部分的人因為太會找藉口而被拒於成功大門之外，九成九的失敗都是因為人們老是在為自己找藉口。追求成功的過程中，最關鍵的步驟就是——拒絕任何藉口。

愛你的父親

【第17封】成功的種子就在你手中

1926/5/29

你沒有辦法達成連自己都不相信的事情，信念才是驅策你前進的原動力。

熱切盼望成功的人都該知道，成功的種子就在自己的身邊生根發芽。

親愛的約翰：

昨天我收到一位立志要發大財的年輕人來信。在信中，他懇請我回答他一個問題：他欠缺資本，該如何創業致富呢？

他想要我為他的生命指明道路，然而教誨別人並不是我擅長的，但他的誠懇讓我難以拒絕，這真的是一件讓人痛苦的事情。最後我還是回信跟他說，你所欠缺的不僅僅是資本，你更需要的是知識，知識遠比金錢還要重要！

對於一個打算踏上創業旅程的貧寒小子來說，他們往往會陷入資本不足的困境，這時如果還在害怕失敗，就會一直猶豫不決，像蝸牛一樣緩緩爬行，甚至止步不前，最後永遠無法出人頭地。所以，我在給那年輕人的回信裡提醒他：

「從貧窮到富有的路上，始終是一路暢通的，關鍵在

於你必須深信，自己是最大的資本。你要努力鍛練自己的信念，不斷探查自己猶豫不前的理由，直到讓信念替代質疑。你應該理解，**你沒有辦法達成連自己都不相信的事情，信念才是驅策你前進的原動力。**」

熱切盼望成功的人都該知道，成功的種子就在自己的身邊生根發芽。認知到這點，你就能走向心想事成的人生。在信中，我給那年輕人講一個故事，我認為這故事可以啟發所有人。這個故事是這樣講的：

從前有個波斯人，名字叫做阿爾·哈飛的，住在離印度河不遠處，他擁有很大的蘭花園、幾百畝良田以及茂盛園林。他知足且富有，應該說他正因為富有，所以他很知足。直到某天，有個老僧人來訪，在火爐旁對他說：「你很有錢，生活相當安逸。如果你擁有一大堆鑽石，就能夠買下全國的土地；如果你擁有一整座鑽石礦，就能憑藉這筆龐大財富的影響力，將自己的孩子送上國王寶座。」

哈飛聽完老僧人說的這番極誘人的話以後，當晚就覺得自己變成了窮人，這不是因為他失去了一切，而是因為他開始變得不再知足。他認為其實自己很窮，他尋思著「我必須擁有一座鑽石礦才行」。他徹夜難眠，次日一大早他就跑去找老僧人。

老僧人對於一大早被吵醒的事感到十分不悅，但哈飛管不了那麼多，他說：「請告訴我，在哪裡有鑽石礦？」

「鑽石礦？你問這個幹嘛？」

「我想要擁有龐大財富，但我不知道去哪裡才能找到鑽石。」哈飛說道。

老僧人對他說：「去山裡找一條在白沙中穿行的河流，你能夠在沙中找到鑽石。」

「真的有這樣的河流嗎？」

「有很多啊，只要你出去找，就一定能找到。」

「好的，我一定會找到。」哈飛說。

哈飛賣掉了自己的農場，收回在外的欠款，將自己的房子托付給鄰居看管，然後展開了尋找鑽石之旅。

他先去月光山區去尋找，隨後輾轉到了巴勒斯坦，然後又跑去歐洲，最終他花光所有的錢，淪落到身無分文的地步。最後他就像是乞丐一樣，站在西班牙巴賽隆納的海岸邊，看著巨浪越過海克力斯石柱向他洶湧襲來，這個飽受滄桑、嚐盡痛苦的可憐傢伙，克制不住縱身一躍便可一了百了的念頭，隨著浪潮沒入大海，結束了這一生。

在哈飛死後的一天，他的繼承人拉著駱駝到花園裡喝水，當駱駝伸長了脖子到清澈的溪裡時，那繼承人在淺淺的溪底白沙中發現到一片特殊的光芒，於是他伸手去探尋，摸出一顆閃著光亮的黑色石頭，那光芒發出了彩虹般的色彩。他把這顆怪異的石頭拿回家，擱在火爐邊，不久他就忘了這件事，繼續去忙自己的工作。

幾天後老僧人來訪，他發現了那顆放在火爐邊發出七彩光芒的石頭，湊前驚嘆道：「天啊！鑽石，這是鑽石，

是哈飛回來了嗎？」

「沒有，他並沒有回來，那只是一顆石頭，哪是什麼鑽石，就是我在後花園裡撿到的。」

「年輕人，你要發財了，我認得出來這是鑽石，真的是鑽石。」

於是，他們兩人一同前去花園，捧起溪流中的白沙，發現了很多比起第一顆還漂亮、價值更高的鑽石。

這是真人真事，人類歷史上最大的鑽石礦，印度戈爾康達鑽石礦被發現的過程，其產值遠超過南非的金百利礦區。英國女王皇冠上所鑲嵌的庫希努爾（Kohinur）大鑽石，還有那顆鑲在俄國沙皇王冠上面的世界第一大鑽，全部都來自於那座鑽石礦。

孩子，每每我回想起這個故事，就難免會為了哈飛感歎，如果他先留在自己家鄉好好挖掘自己的田地與花園，而不是遠赴異國他鄉探尋，最後就不會變成乞丐，挨餓受苦，最後失去生存意志縱身入海而死。他原本就擁有一大片鑽石啊！

不是每個故事都很有意義，但是這個故事給我們上了一堂非常寶貴的人生課：鑽石未必要去遙遠的高山和大海尋找，你若願意用心挖掘，鑽石有可能就在你家後院，重點在於，你一定要堅定自己的信念。

人人都有理想，理想決定了他未來努力的方向。單純

就此意義來講，我覺得不信任自己的人和小偷沒兩樣，任何一個不信任自己，且未能充分發揮本身能力的人，就是自己生命的小偷。

只有徹底戒除偷竊自己生命的行為，我們才有可能攀上更高的山峰。我期盼那個懷著發財夢的年輕人，可以思索出這個故事所蘊含的啟示。

愛你的父親

【第18封】不為金錢之奴，讓金錢為你服務

1906/7/26

你手中多一分錢，就多加了一分決定自己未來命運
力量。

讓金錢成為你的奴隸，不要成為金錢的奴隸。

親愛的約翰：

**有許多的悲劇，都是因為驕傲與偏執所造成的，製造
貧窮的人亦同。**

多年以前，我曾在第五大道浸理會教堂偶遇過一個名
叫韓森的年輕人，是個節衣縮食辛苦過日子的小花匠。韓
森先生或許把安貧樂道的行為當作是美德，他擺出了一副
人格高尚的姿態對我說：「先生，我想我必須與你探討一
個問題，金錢是罪惡之源，《聖經》上這麼說。」

在那個瞬間，我馬上了解為什麼韓森先生和財富搭
不上邊了，他從自己對《聖經》內容的誤解裡學到偏差的人
生啟示，自己還奉為圭臬

我不願這個可憐的小伙子困在自己狹隘的泥淖中無法
自拔，我跟他說：「年輕人，我從小就開始接受各種基督
教義的教養，並以此當作行為準則，相信你也是這樣的。
但是我的記憶大概比你好，你要記得，在那句話的前面還

有一個關鍵詞——喜愛。『喜愛金錢，是萬惡之源。』」

「什麼？」韓森張大了嘴，彷彿能吞下一整條鯨魚的樣子，我真希望他賺錢的胃口也大得像那樣。

我拍了拍他的肩膀說：「是這樣的，年輕人。《聖經》起源於人類的愛和尊嚴，是對全宇宙最高階靈性的崇拜，你能夠大膽引用其內容，甚至把生命交給它。所以，當你引用《聖經》的內容時，你引用的就是真理。『喜愛金錢，是萬惡之源』，正因如此，喜愛金錢是一種崇拜手段而非終極目標，你若沒有手段，沒有辦法就達成目標，簡言之，若只知做個守財奴，那金錢確實是萬惡之源。」

我提醒韓森：「想一想，你若有錢，就能造福家人、親友，建構幸福、快樂的生活，甚至可衍伸到社會上，讓孤苦無依的窮人得到救贖。如此一來，金錢就是幸福泉源。」

我開導他：「**你手中多一分錢，就多加了一分決定自己未來命運力量**，去賺錢吧！你不該被偏執觀念捆綁住手腳，應該好好利用時間讓自己變有錢，因為有錢你就有力量。紐約是個充滿致富機會之地，你應該賺大錢，而且能賺大錢，請記得，小伙子，雖然你只是塵世間的過客，但一定要讓自己的人生發光發亮。」

我不知道韓森最後是否接受我的開導，如果沒有，我會非常遺憾，他看上去並不笨，而且身體條件也很好。

人人都應該把時間用在讓自己變有錢。當然，我不否

認有些東西的價值確實比金錢還高。當我們在看到一座舖滿落葉的墳墓時，難免會感覺到悲傷，因為我們知道有些東西花再多錢也買不到。特別是曾經遭受苦難的人，更有深切的體會，有些東西比黃金更迷人、更尊貴、更神聖。我們都知道，金錢可大幅提升生活諸事的品質。金錢雖非萬能，但在這個世上，很多事情都離不開金錢。

愛情是上帝給予我們最偉大的禮物，然而，擁有大筆金錢的情人能提升愛情的幸福度，金錢這東西就是有這麼偉大的力量。

如果有人說「我不需要金錢」，那等於是說「我不想為我的家人、親朋、社會服務」，這說法聽起來就荒謬至極，但事實上就是這樣。

我相信金錢的偉大力量，我認為每個人都應當努力去賺錢。然而宗教對於金錢的想法帶有強烈的偏見，很多人認為，作為貧窮的上帝子民是至高無上的榮耀。我曾經聽到過有人在教會祈禱時說道，他非常感恩自己是貧窮的上帝子民，我聽到他的話便暗自思索：此人的太太若聽到他這麼說，不知道做何想法，應該會認為自己嫁錯郎了。

我不願再看到這種貧窮的上帝子民，我認為就連上帝自己也不願意。如果一個本來會很富有的人因為窮困而軟弱無能，那他肯定就犯了非常嚴重的錯誤。他非但辜負了自己，也沒有善待家人！

我並不是要以賺錢多寡來衡量人生是否成功，但我們

不可否認的，我們可以用金錢的多寡來衡量一個人對我們這個社會所能做的貢獻。你收入越多，貢獻就能越大，想到我已讓許多美國人走上富裕的道路，我就覺得我的人生相當偉大。

我認為，是上帝而不是撒旦給人們創造了鑽石。上帝的告誡是：我們不能在違背上帝的情況之下賺錢，或去賺別的什麼東西，因為那麼做會讓我們有罪惡感。想要賺取金錢，大筆金錢，原本就是人之常情，只要我們是採用正當手法取得，而不是被金錢所奴役。

很多人會沒錢，是因為他們不了解金錢。他們覺得金錢又冷又硬，其實金錢並非如此，它溫暖又柔軟。金錢能給人良好的感覺，在色澤上也和我們穿的服裝很匹配。

我之所以成為今天的我，是依靠我過去的信念創造出來的：我必須是個富翁，我沒有當窮人的權利。隨著時間的不斷前進，這個信念變得越發堅定。

在我小時候，正是拜金思想被高度推崇的時期，當時有成千上萬的淘金者懷著發財的美夢從世界各地拼命湧入了加州。儘管在事後人們發現那場淘金熱純粹是個騙局，但這件事卻大大激發了數百萬人的致富渴望，其中也包含我——一個才十幾歲的孩子。

那時我家境窘困，常要接受善心人士伸出的援手。我的母親是個自尊心很強的人，她希望我能肩負起身為長子的責任，把這個家庭建設好。因為母親的期盼及教導，我

養成了此生不變的責任感，當時就立下誓言：我不想成為窮人，我要努力賺錢，我要用自己賺來的財富改善家人的生活。

在我的少年時期，金錢對我來說不僅僅是讓家人過著富足生活的工具，更能帶給我道德上的尊嚴及社會地位，這些東西遠比豪華氣派的住宅、美麗的服裝更讓我激動。

我對金錢的了解，堅定了我想成為有錢人的信念，這信念又給我更堅定的意志去追逐財富。

孩子，沒什麼事情比為了賺錢而賺錢的事情更可悲了。我懂得賺錢的方法，**那就是讓金錢成為我的奴隸，而不能讓自己成為金錢的奴隸**，而我，就是這麼做的。

　　　　　　　　　　　　　　　　　　愛你的父親

【第19封】偉大人生從爭第一開始

1931/3/15

人生不是在計畫自己的成功，就是在計畫失敗。

第二名跟最後一名沒兩樣。

親愛的約翰：

「沒有野心的人，成就不了大事」，此話是我那位汽車大亨朋友——亨利·福特先生，昨天告訴我的成功秘訣。

我相當佩服這位密西根來的富豪，他是那麼執著而堅毅。他跟我有相似的經歷，也一樣當過農夫，做過學徒，與人合辦過工廠，最後經過自己的奮鬥成為當今全美國最富有的人之一。

在我看來，福特先生是一個全新時代的開創者，沒有任何美國人有辦法像他這樣完全改變了美國人的生活方式，看看如今大街上來往的車輛，你就知道我不是在恭維他，他讓汽車這樣的奢侈品成為每個人都買得起的必需品。而他創造的奇蹟，也將自己變成億萬富翁，同時也讓我好好賺了一把。

人活著就要有野心，不能沒有目標，否則就會像是艘沒有舵的船，永遠都在漂流沒有定向，到最後只會停靠到達充滿喪氣、失望的海灘。福特先生的野心遠超過其 178

公分的身高，他想要創造出人人都享用得起汽車的世界，這看似不可思議，但是他最終成功了，他成為全世界小汽車市場的霸主，並且讓福特公司賺到驚人的利益，用他自己的話來說:「哪裡是在製造汽車啊，根本就是在印鈔票！」我可以想像得到，日進斗金還享有「汽車大王」的美譽，福特先生當然有很好的心情。

福特先生締造的成就，證實了我一直深信的人生信條**──人生的財富多少，與目標大小成正比。**

如果你有遠大志向，目標崇高，那你的財富終將衝破雲層，而如果你只想苟且度日，你最後只會一事無成。即便發財機會來到你眼前，你也只能取得極小部分。在福特先生功成名就之前，不少汽車生產者的實力都很強，但其中破產的枚不勝數。

我人生的心得是，**人生不是在計畫自己的成功，就是在計畫失敗。**我一生都充滿野心，從小時候起，我就立志成為最有錢的人，就當時那個窮小子而言，這個夢想似乎太遙遠了，但我就覺得目標非遠大不可，想要有所成就必須有激勵的動力，遠大的目標能驅使人把潛力發揮到最大。少了激勵的動力，就欠缺強大力量推動你前進。計畫不能做太小，那沒什麼激勵作用，這是我一再提醒自己的事。

當然，成就偉大夢想的機會，不會像尼加拉瓜瀑布那樣傾瀉下來，而是要隨著時間慢慢一點點累積。所謂偉大

與接近偉大之間的差別，就是如果你想變偉大，你就必須每天往此目標奮鬥不懈。

但是，對一個窮小子來說，怎樣才可以實現這個偉大夢想呢？難道就依靠每天努力為別人工作來實現嗎？這顯然是非常不智的想法。

我相信勤勞可以致富，但我不相信總是在為別人工作能夠成功。我在住進百萬富翁大街以前就知道，我身邊有很多窮苦的人都是非常努力工作的人，但現實就這麼殘酷，無論員工多麼努力，幫老闆工作到最後自己也財富可觀的人幾乎沒有。為老闆工作能獲得的薪資，只能在合理期待中讓員工得以生存下去，儘管員工很有可能賺很多錢，但想要累積可觀財富卻難如登天。

我一直認為「努力工作就能致富」是騙人的話，為別人工作絕對不是累積可觀財富的好方法，反之，我十分認定為自己工作才會富有。我所做的一切都謹遵著我的遠大目標，為了達成這個目標而不斷向目標推進。

在我從學校畢業，到處找工作時，就給自己設下了目標──到一流的公司工作，成為一流職員。一流的公司能讓我得到最好的歷練，讓我培養出一流的工作能力，讓我得到一流的見識，同時也能累積可觀的收入，作為我將來開創事業的資本，而這一切終將成為我成功大道上最堅硬紮實的基石。

而且，任職於一流的公司，能夠讓我用大公司的格局

看待問題思考事情，這非常重要。為此，我想要去高知名度的企業，公司越大越好。

當然，我這盤算讓我吃了不少苦頭。我先是到一家銀行，非常不走運的，我被拒絕了；後來我去一家鐵路公司，仍然沒被錄取，似乎連當時的天氣都跟我作對，熱到我快昏頭了。我沒有被這些困難打倒，繼續尋找工作，在那段時間，找工作是我唯一的職業，我每天早晨八點盡最大努力打扮好自己，就出門開始新一輪的預約面試。一連幾週之後，我將名單中的公司跑了一圈，依然沒有收穫。一切看來實在樂觀不起來，但是沒有人能夠阻止我前進的路。

阻礙自己前進的原因是你自己，你才是唯一能決定自己是不是可以做下去的人。我提醒自己，如果不願意讓人把夢想偷走，那就必須在被挫折擊倒之後馬上站起來。我沒有感到沮喪，連番挫折甚至更堅定了我的決心，我毅然決然從頭開始，一家接著一家跑，有某些公司我還跑了兩三次。

上帝總算沒有拋棄我，這場打死不退的戰役在我六個星期的努力堅持下，終於在 1855 年 9 月 26 日下午，我被休伊特—塔特爾公司錄用了。

這天決定了我的未來。直至今日，每每我問自己如果當時沒得到那份工作的話會怎樣？我一想到便不寒而慄，因為只有我自己才知道，那份工作給了我什麼，若沒得到

又會如何。因此，我把 9 月 26 日視為「重生日」來慶賀，我對這天抱持的情感遠大於自己的生日。走筆自此，我內心依然激盪不已。

人生就像是在騎腳踏車，除非你不停地向目標前進，不然你就會搖搖晃晃，從車上倒下。

三年之後，我以過人的能力及自信，離開了休伊特—塔特爾公司，與好友克拉克先生合夥創立克拉克—洛克菲勒公司，開始了為自己工作的人生篇章。

那些愚蠢的工作，可能在千辛萬苦中仍然沒有收穫，而如果你將為老闆賣力工作看成將來為自己效勞的墊腳石，那就是創造財富的開端。做自己的老闆太好了，那感覺實在難以描述。然而，我不可以一直為自己年方十八就經營貿易事業而沾沾自喜。我常會告誡自己：「你的前途取決於過去每一天的努力，你的人生目標是全美首富，目前離此目標還遠得很，繼續為自己努力吧！」

成為最有錢的人，是我努力的初衷及鞭策自己前進的動力。在過去幾十年裡，我始終在追求卓越，常常激勵著自己：**第二名跟最後一名沒兩樣**。這樣你應當能理解，我以王者身份統治了整個石油工業並不奇怪。

每個人都生活在自己的希望中，但是我的生活更像是在不斷達成目標。我的人生信條是一定要當第一，這就是我已設定好並全力遵守的人生規劃，所有我付出的努力與行動，都忠於自己的人生準則與目標。

上帝賦予我們強健的軀體與聰明的大腦不是要讓我們成為輸家，而是讓我們成為偉大的勝利者。二十年後，聯邦法院解散了我們這個十分歡樂的大家庭（標準石油公司在 1911 年被美國最高法院裁定為非法壟斷之後，被拆分成 30 多家小公司），然而每每想到我們曾經創造的成就，我還是非常興奮。

　　害怕艱難，就準備隨時會在漫長的人生路上摔倒。偉大的人生就是不斷達到卓越的過程，我們必須不斷向這目標前進，不要害怕痛苦，夢想總能實現。

　　　　　　　　　　　　　　　　　　愛你的父親

【第20封】 機會只給勇於冒險的人

1936/11/2

我擁有的東西多了,力量就會變大。

想獲勝,就一定要知道冒險的價值,而且自己必須要有開創運氣的遠見。

親愛的約翰:

就在這幾天,大概不必等到明天,又會有個人能過著富人的生活。報紙上說這個人叫做大衛·莫里斯(David Morris),和獨立戰爭時的財務總監,來自費城的商業奇才羅伯特·莫里斯(Robert Morris)先生的姓氏相同,他剛在賭場上贏了一大筆錢,並宣稱自己是賭場高手,說了一句人生金言:**好奇讓人找到機會,要冒險才可以善用機會。**

我對於好賭成性的人從來沒有好感,但此人卻讓我另眼看待。我認為,以這位先生哲學家般的頭腦和智慧,如果他在商界發展,這位特別優秀的賭徒應該也能成為專業領域的贏家。

我這麼欣賞他,並不是在說優秀賭徒就能成為優秀商人,其實,我極討厭把商場當做賭場的人,但我從不反對人有冒險精神,因為我知道一個法則:風險高,收益就

大。在商海衝鋒拼搏，對任何人而言都是生活中不可小看的冒險旅程。

我人生的軌跡其實是一次精彩的冒險之旅，如果非要我說出哪次冒險對我而言最關鍵、最能決定未來，那就是我投入了煉油產業。

在投身於煉油產業之前，我在我的老本行，農產品經銷業做得小有成績，如果持續做下去我完全能夠成為一個大中盤商，但一切都因為安德魯斯先生而改變了。他是一位對照明頗有心得的專家，他跟我說：「約翰，煤油在燃燒時發出的亮光比任何照明油都明亮，它勢必會取代別種照明油，你想想吧！如果我們能夠切入，那將是何等巨大的市場，這是多麼美好的前景。」

我擁有的東西多了，力量就會變大。如果機會擺在我面前而我不懂珍惜，那我喪失的不僅只是金錢，而是不斷弱化自己在財富競賽上的能力。我對安德魯斯先生說：我要做！於是我們投資了四千塊錢，這對於當時的我們來說是很大的一筆錢，我們用這筆錢開始了煉油生意。錢一投進去，我就沒再去考慮失敗怎麼辦，儘管當時煉油產業在造就一堆百萬富翁的同時，也讓很多人成為窮鬼。

我一股腦兒投入煉油產業，經過一年的苦心經營，這生意給我們帶來遠超過農產品經銷的利潤，成為公司收益最大的業務。那一刻我深切體認到，是膽識與冒險精神幫我開通了全新的財源。

當時沒有哪個行業像石油產業這樣可使人快速致富，這樣迷人的前景深深刺激到我想賺大錢的渴望，更使我看見期待已久能夠大展身手的機會。我提醒自己：「你必須緊抓這個機會，它能將你帶到夢想的遠方。」

隨後我一系列大張旗鼓擴展石油事業的戰略，讓合夥人克拉克先生非常氣憤。克拉克先生是個自負、軟弱又缺乏謀略與膽識的人，他主張採用更加小心謹慎的策略，極度害怕失敗，這和我的觀念格格不入。依我所見，金錢就像糞土，如果你將它散播出去，能夠造就很多很多事情，但如果你將它收藏起來，就會變得臭到不行。顯然，克拉克先生不是個好商人，他並不懂得金錢的真正價值何在。

當我們對重要之事冷淡看待時，就容易把人生走到盡頭，克拉克先生既然已成為我前進道路上的障礙，我就只能挪開他。這是個非常重要的決定。

想獲勝，就一定要知道冒險的價值，而且自己必須要有開創運氣的遠見。對於我來說，和克拉克先生分道揚鑣顯然是場冒險。在我決定賭上一切全力進軍煉油產業之前，我要先確信石油不會被挖光，在那時候，許多人都將石油當做是曇花一現的產物，認為不可能源源不絕。我當然希望石油永遠不會枯竭，如果沒有了油源，我的投資將會全部泡湯，到時候我的後果會連賭場上的賭徒都不如。所幸我收到讓人樂觀的消息，油源一直都會有，所以是到了與老夥伴各奔東西的時候了。

在向克拉克先生談拆夥之前，我私下先將安德魯斯先生找來，我對他說：「我們要行大運了，有很多錢等著我們去賺，那是很大的一筆錢。我接著就要結束和克拉克的合作，如果我能買下他那邊的股份，你願意和我一起打拼嗎？」顯然，安德魯斯先生沒讓我失望。幾天之後，我又拉到了幾家願意支持我的銀行。

　　那年二月，經過一連串的準備以後，我向克拉克先生提出分開發展的要求，雖然他不太樂意，但我心意堅定不移。結果，股東們決議將公司拍賣給開價最高的買家。

　　到現在，一想起拍賣掉公司那天的景象我還是很激動，過程就像是在賭場賭錢，必須全程專注，相當叩人心弦。這場豪賭中，我押上了金錢，賭的是我的人生夢想。

　　公司從五百塊錢開始起拍，喊價很快就提升到了幾千元，隨後又逐步跳到五萬元。實際上，這價格已遠超過我對這個小公司的預估值，但隨著競拍的進行，價格一直不停上漲，六萬、七萬，這時候我開始害怕了，我不知道自己能不能買回這公司，一個由我親手創立的企業。很快我就平靜下來了，我對自己說：「別畏懼，既然已下定決心，就一定要勇敢向前。」當競價對手報價七萬兩千塊錢的時候，我大聲報出了七萬兩千五的價格。這時候，克拉克先生站起來喊道：「我不再加價了，約翰，它歸你了！」

　　孩子，那是決定我一生的重要時刻，我感受到它非同尋常的意義。

無庸置疑，我為此付出了高額費用給克拉克先生，我將農產品經銷公司一半的股份，和七萬兩千五百元都給了他，但是我贏來了更能自由發展的光輝未來。我成了自己的主人，自己的老闆，不必再擔心被目光短淺的人阻擋了前進的道路。

　　我在 21 歲時就擁有了克利夫蘭最大的煉油廠，已躋身世界級大型煉油業者的行列，在今日看來，這個當時每天的胃納量多達五百桶原油的煉油廠，無異是我日後成為煉油產業霸主的利器。我要感謝那場競拍，它是美好人生的轉捩點。

　　能夠確定的是，**只求安全無法讓我們成為有錢人，想要賺大錢就一定承受相對的風險**，人生又何嘗不是如此。

　　人生不會總是維持現狀，不想進步就等著後退。我認為，謹慎不是什麼完美的成功路，不管我們要做什麼，甚至是我們的人生，都必須時常在謹慎與冒險之間做抉擇，有時候，靠冒險而獲勝的機會顯然比謹慎要大很多。

　　商人總是追求利益，不是創造資源就是獲取別人手中的資源來使得自己變有錢。所以，冒險是商人在商戰中拼搏必不可少的手段。

　　必須冒險又想避免失敗，你就記住這句話：

　　大膽籌畫，小心實施。

愛你的父親

【第21封】變蔑視為激勵，化侮辱為動力

1901/2/27

絕對不能讓自己的傲慢與偏見阻礙了成功之路。

當你學會相信自己，且達成微妙的和諧，你將成為自己最為忠誠的夥伴。

親愛的約翰：

你和摩根先生談判的成果，我和你母親都覺得很欣喜，我們沒想到你有勇氣和華爾街那個不可一世的富豪對抗，並且應對得那麼沉穩，不失教養，並成功反制了對手。感謝上帝，讓我們擁有像你這麼優秀的孩子。

在給我的信中你提到，摩根先生待你非常粗魯無禮，是刻意要羞辱你，我認為確實如此。其實，他想羞辱的人是我，你是代我承受的。

這次摩根提出結盟的要求，其實是擔心我會造成威脅，我相信他對這個合作不是那麼情願。他知道我跟他像是在兩條路上奔馳的馬車，彼此都不喜歡對方，我一看到他趾高氣昂、驕傲不講理的模樣就覺得噁心，我想他看我肯定也有類似的感受。

摩根是個商業奇才，他知道我並不把華爾街當一回事，不害怕他的威脅，所以他要實現野心，主宰美國的鋼

鐵行業，就要和我合作，否則擺在面前的只會是你死我活的爭鬥。

擅長思考與行動的人都了解，**絕對不能讓自己的傲慢與偏見阻礙了成功之路**，而摩根先生對此了然於心。就算摩根先生不愛與我打交道，他還是跟我約在標準石油公司的總裁辦公室會談。

在談判中，能堅持到最後的才是勝利者。我和摩根先生說「雖然我已退休了，但若您希望這樣，我會很樂意在此恭候您的大駕。」結果他真的來了，這對他來說顯然不那麼體面，但他萬萬想不到，當和我談到合作事宜時，我跟他說：「對不起摩根先生，我退休了，我想我兒子會非常樂意和您談那筆交易。」

只要不是笨蛋都知道，我這樣做是在蔑視他，但是他還是克制住了，他跟我說希望能約你在他華爾街的辦公室面談，我同意了他的提議。

報復別人，就是攻擊自己。摩根先生顯然不太懂這個道理，結果為了發洩怒火，反而被你所控制。儘管我的羞辱讓摩根先生難以釋懷，但他卻依然能將焦點放在自己要達成的目標上，這點我相當佩服。

孩子，生在注重個人尊嚴的社會，我深切知道對於熱愛尊嚴的人而言，蒙羞受辱是什麼感覺。然而很多時候，無論是誰，就算是美國總統都未必能阻止別人的羞辱。

那我們該怎麼做呢？是在極度憤怒下反擊，捍衛我們

的尊嚴，還是寬容看待，大事化小呢？或是採取其他什麼方式來回應？

你也許記得，我有一張珍藏多年的中學同學合照，那張照片裡沒有我，有的只是一些生於富裕家庭的孩子。如今幾十年過去，我仍然珍藏著這張照片，也珍藏了當時拍攝那張照片的情景。

那是在某個下午，天氣不太好，老師告訴我們有位攝影師要來學校拍攝學生上課的情景。我有照過相，但非常少，對於一個窮苦出身的孩子而言，照相顯然是件奢侈的事。攝影師一出現，我就想著被照進鏡頭中的場景，要微笑，要自然，我看起來很帥，我甚至想像到回家之後高興地對母親說：「媽媽，我有照相哦，是一位專業攝影師拍的，拍得真棒！」

我用自己異常興奮的雙眼看著俯身取景的攝影師，我希望他能快點把我拍進鏡頭裡。但是我失望了，那攝影師看來像個唯美主義者，他站直身子用手指著我，對老師說：「你能讓那個學生離開嗎？他的穿著跟他人實在太格格不入了。」我沒有能力抗爭，只能默默起身離開，看著那些穿戴整齊的富二代所構成的美景。

在那瞬間，我覺得自己的臉在發燙。我沒生氣，也沒有自憐自艾，更不會埋怨父母為什麼沒讓我穿得體面些。其實，他們為了讓我受良好教育已費盡心力。看著攝影師營造出來的場景，我在心中緊握著雙拳，對自己立下重

誓：我總有一天要成為世上最有錢的人，給攝影師拍個照算什麼，讓世界上最知名的畫家給我畫像，才值得驕傲！

孩子，我當時的誓言如今已經實現了。在我的心中，羞辱一詞的意義有了變化，它不再是剝奪我尊嚴的利刃，而是一股讓我發奮的動力，驅動著我的前進，驅動我去追尋這世上的美好事物。若說是當時那個攝影師將一個窮孩子激勵成全世界最有錢的人，應該也說得過去。

每個人都有接受掌聲和認可的時候，或許是成就被人肯定，或許品德被表揚；每個人也有遭受到抨擊或羞辱的時候，往往是因為我們還不夠強大，這也和做人做事有關，總之就是得不到別人的尊重。我想說的是，遭受羞辱未必是壞事，如果你能冷靜下來反思，或許會發現羞辱是度量能力的測量尺，我是這麼認為的。

我知道不管多麼輕微的羞辱都有可能損及尊嚴，但尊嚴不是與生俱來的，也不是別人賞賜的，而是靠自己締造。尊嚴是屬於自己的精神資本，你覺得自己有尊嚴，你就有尊嚴。若有人傷害了你的尊嚴、你的情感，千萬不要動怒。你的尊嚴由自己做主，就沒什麼事能傷到你。

孩子，你和自己的關係是所有關係的起點，**當你學會相信自己，且達成微妙的和諧，你將成為自己最為忠誠的夥伴。**唯有如此，你才能達到寵辱不驚的境界。

愛你的父親

【第22封】用實力讓對手怕你

1901/2/27

每當涉及到金錢，你都別提金額，而是強調該物件的寶貴價值。

別老想著把所有的錢都賺了，要留一些給別人賺。

親愛的約翰：

今天晚上我見到了調解人亨利·佛利克先生，我對他說：「就像是我兒子對摩根先生說的，我並沒有急著要將自己的礦業公司賣掉。但誠如你認為的，我不反對成立任何有價值的企業。不過，我相當不認可買家以高高在上的姿態，定出一個擺明要把我們排除在外的價位，那樣的話，我寧可奮戰到底也不願達成這種交易。」我讓佛利克先生告訴摩根先生，他這樣想是不對的。

孩子，儘管你不喜歡此人，你還需要繼續和摩根先生打交道。我建議你，讓那個高傲的傢伙知道不把別人看在眼裡的後果是什麼。

很多人都會犯相似的錯誤，他們不知道自己到底在做些什麼。其實，不管你從事什麼行業、負責什麼職位，都必須和人打交道。談判也是，和你談的對象不是生意本身，而是那個人！

「知己知彼，百戰百勝」，確實了解你的對手，了解你自己，是在對戰中獲勝的前提。須知，事先準備是賽局的一部分，你一定要做到知己知彼，你想獲得實質優勢，就必須知道以下幾點：

　　第一，大環境概況：市場現況怎樣，景氣好壞。

　　第二，盤點可用資源：你的優勢和缺點是什麼，你擁有哪些資本。

　　第三，對手掌握的資源：對手的優勢和缺點是什麼，資產狀況怎麼樣。在競爭中，了解對手的優勢是事前籌畫中極關鍵的一環。

　　第四，你的目標與態度：太陽神阿波羅的名言是「人貴自知」，你要知道你自己到底要做什麼，有何目標，實現此目標的意志有多麼堅決，認定自己會是贏家或自我懷疑，自己的精神及態度上有何優缺點。孩子，你要記住，越覺得自己可以，你就會變得越來越強大，只有積極的心態才能有所成就。

　　第五，對手的目標與態度：盡可能去研判對手的目標，而且要想盡辦法深入對方內心，了解其想法及感受。

　　不可否認，最後這一點是最難實現及操作的，但務必盡全力落實。偉大的軍事將領都有一個習慣，他們總會盡全力去了解對手的個性及習慣，以此研判對方可能做出的抉擇與行動路徑。在一切競爭中，清楚掌握對手的底細是極重要的事，這樣你能較準確推測對手的動向。主動、預

防性的措施總比被動回應要有效得多，所謂「預防重於治療」就是這道理。

有時候，你熟知的人可能會成為你的對手，那麼你就要學會運用你對他瞭若指掌的這個優勢。若你知道他是個很謹慎的人，你就要謹小慎微；如果你覺得他平時總是很衝動，那你就要大刀闊斧展開行動，不然你很可能會被他逼上絕路。

當然，你不必非要和對手熟悉才能了解他們，只要觀察入微，你會在談判桌上發現非常多有價值的東西。擅長談判的人要懂得觀察入微，等到談判開始了才去了解對手就嫌晚了。

我們所說的話，很有可能透露自己內心的想法，而我們的抉擇往往就洩露了我們內心的秘密，一個人做出了第一個選擇，就開始洩露他的秘密。在談判時，你要弄清楚自己在說什麼，想要掌控一切，首先就要學會掌控自己的言辭，讓自己得以受益。

同樣，你要隨時保持警覺，以隨時接收對手發出的訊息。惟有如此，你才能掌控競爭時的優勢，如果不能做到這點，你很可能喪失機會。要知道，在激烈競爭的談判中失利，你下回談判要挽回頹勢的把握度就更低。

你要知道，**交易的訣竅在於你清楚什麼可以交易什麼不能交易**。摩根先生把我們當成角落的多餘品，想要清除掉，但是我們一定要留在原地，這點是不容妥協的。而

且，他一定要給一個讓我們滿意的價錢。**別老想著把所有的錢都賺了，要留一些給別人賺。**

話說回來，其實我願意做這個交易，因為我覺得這筆交易對於我們來說顯然還算有利。但是，你也不必被我的觀點局限住。

有太多所謂的聰明人，覺得他們的目的不是交易，而是想要撿便宜，希望能用最低的價格買到自己想要的東西。比如摩根先生這次給的價格比市場價格低一百多萬。如果他這麼做生意，我相信最終他會失去取得美國鋼鐵行業霸主地位的機會。所謂交易的真諦，是價值的交換，用別人想要的東西換得你所想要的東西。

想要完成一筆交易最好的辦法，是強調交易的價值，然而多數人總錯在強調價格。他們常會說：「這已經很便宜了，你再也找不到價格這麼低的東西了。」是的，沒有人願意付出過高的價格，但在便宜之外，人們更希望獲得的，其實是最高的價值。

孩子，在和摩根先生的談判中，**每當涉及到金錢，你都別提金額，而是強調該物件的寶貴價值**，強調他可以從你這裡買到什麼。

我始終相信，人能經過努力來開創一個更新、更美好的世界。祝你好運！

愛你的父親

【第23封】合作是達成目標的重要戰術

1901/5/16

建立在生意上的友誼，遠遠比建立在友誼上的生意牢靠得多。

聰明的人擅長與人合作，包括與競爭對手合作，善用別人的力量來生存壯大。

親愛的約翰：

你和摩根先生終於握手言歡了，這真是美國經濟史上一次偉大的握手，我相信人們一定為這偉大的時刻記上一筆。就像是《華爾街日報》說的，它標示著「一艘由華爾街大亨和石油大王攜手打造的超級戰艦已開航，它無人可擋，永遠不會沉沒」。

孩子，這就是我所說的「合作的力量」。

合作，對於高傲自負的人而言也許是軟弱可恥的事，但是依我所見，合作卻是再聰明不過的抉擇，當然，前提是於我有利。

如果說，不能把我今日的成就簡單歸因於上帝所賜，那麼我很願意將我歸功於三個因素：第一，凡事照章辦理照規矩來，這是企業持續經營之本；第二，是商場的殘酷競爭，因為每次競爭都能夠讓我修正得更完美；第三，則

是合作，那些我能夠從中得到好處、獲取利益的合作。

　　我之所以能夠在競爭者之間脫穎而出，就在於我善於走捷徑，這條捷徑就是與人合作。在我創造財富過程的每個重要轉捩點，你都能看到合作的例子。自從我進入社會那天開始，我即明白，不管在何時何地都免不了競爭，孤軍奮戰是行不通的，那形同自尋死路，**聰明的人擅長與人合作，包括與競爭對手合作，善用別人的力量來生存壯大。**

　　我們不妨做個很可能會實現的推想，我們若沒有和摩根先生合作，我們兩方極可能會對抗到兩敗俱傷的局面，而我們共同的對手卡內基先生就可以坐收漁翁之利，讓他在鋼鐵行業中不斷做大，無人可與之抗衡。如今則不然，卡內基先生一定非常後悔，試想，誰能在對手蠶食自己地盤的時候還無動於衷呢？除非他當自己是個死人。

　　合作能將對手逐出賽局或成功壓制住，以此達到讓自己朝目標大步推進的目的。從另一個角度來說，合作未必是追求絕對的勝利。然而，能領略其中奧秘的實在太少。

　　合作不是在交朋友、談戀愛或結婚，合作的目標不是要去得到感情，而是獲取好處及利益。我們要懂得，理想和現實之間總有不小的鴻溝，若想跨越鴻溝，就要依靠別人的合作和支持。想要成功，合作是捷徑。

　　話說回來，我很樂意與生意夥伴建立情誼，我深信**建立在生意上的友誼，遠遠比建立在友誼上的生意牢靠得**

多，就好像是我和亨利·佛拉格勒先生的合作。亨利一直是我的知己，用力助手；我與他結盟所得到的，不僅僅是投資，還有適時的心靈支持與可貴的人生智慧。亨利先生和我是同一種人，他雄心勃勃而從不自滿，與我同樣夢想著成為石油產業的主宰者。直至今日，我還記得我們開始共同打拼時的景象，那時，每天除了吃飯睡覺，我們上班下班都在一起，我們一起動腦，一起擬定計劃，互相勉勵、鞏固彼此的決心。那段時光如同新婚蜜月期般開心，是一段永遠愉快的回憶。

幾十年過去，我和亨利還是像親兄弟一樣，這份感情給我再多錢我也不可能賣。這正是我說你要稱呼他亨利叔叔，而不是稱他為亨利先生的原因。

我從來都不用金錢去換取友誼，因為友誼是金錢買不到的。友誼要靠真情來支持，我和亨利從來都不後悔當時的合作以及我們之間永恆的友誼，不僅因為我們對利益有相同的追求，更重要是我們都是嚴格要求自己的人。我們明白，你怎麼對待別人，別人就怎麼對待你。

「己所不欲，勿施於人」，是我做人做事的準則，也是我在合作關係中抱持的態度。我從來都不會因為財雄勢大而欺壓對手，因為那很可能會毀掉這個合作而無法達到目標。

當然，在我的職業生涯中免不了會遇到傲慢的人，我有時會忍不住去羞辱他們，就好像是我曾經教訓過的紐約

中央鐵路公司的老闆，范德比爾特（Cornelius Vanderbilt）先生。

范德比爾特先生是貴族出身，享有將軍的頭銜，曾經在南北戰爭中立下戰功。他將自己在戰場上的榮耀當成自己人生傲視群雄的資本，並且自恃掌握著運輸業務的生殺大權，就將我們看成短期聘雇的臨時工。

某日，亨利前去與他商談運輸事宜，這傢伙竟然說：「年輕人，你的軍階好像還不夠格和我直接對話吧！」亨利從未受過此等羞辱，還好因為自身的良好教養，讓他沒有當場失態，可是當他回到自己辦公室的時候，他的筆筒卻被他摔了個稀巴爛。

我見狀便安慰他：「亨利，忘了那爛人說什麼吧，我一定會幫你討回顏面。」後來范德比爾特先生急著要和我談一筆生意，要我去找他談，我派人跟他說：「談生意可以，但是你必須到我的辦公室來談。」最後，這個習慣別人看自己臉色的將軍，只好委屈求全到我辦公室見這個比他小了四十多歲的年輕人，而且還要順從於我們這兩個小伙子提出的苛刻條件。我想，在那一刻范德比爾特先生一定知道了，向上攀爬的時候要對別人好些，因為下坡的時候你還會碰到他們的這個道理。

我不喜歡用粗暴的態度來對待任何人，更知道一個耐心溫和的上司對同事和部屬是什麼的意義，我知道**有時候用錢能買到人才，但怎麼樣都買不到人心**，但是如果在付

錢的同時還能加上一份尊重的話，**我能夠讓他們更忠誠的為我服務**，這正是我建立如此高效團隊的成功原因。

話說回來，我並不希望讓你有錯誤的認知，覺得與人合作就是要當好好先生。不是這樣，合作不是如何做好人的問題，而是利益問題。**沒有什麼同盟能一直持續不變，合作終究只是一種獲取利益的戰術**，一旦環境起變化，戰術就該隨之修正，不然就會失敗。現實總是嚴苛的，想成功你就必須嚴謹，當然，前提是做個好人。

孩子，競爭是生命的本質，它能激動人心，但是當競爭演變成衝突的時候，時常就帶來毀滅與破壞，而適當的合作可以化解它們。

愛你的父親

【第24封】想要成功，先相信自己做得到

1897/7/19

思想的高低決定了我們未來的成就大小。

態度是我們最好的伙伴，同時也是我們最大的敵人。

親愛的約翰：

沉醉在真摯、熱情的愛戴中，是一件非常美妙的事情。芝加哥大學的學生們今天讓我體會到了這種妙不可言的感覺，我暫且把它當作對我設立這個學校的回報，但還是讓我滿驚喜的。

平心而論，在我想要出資開辦這間大學以前，我從來沒妄想之後能受到這般被推崇的待遇，我一開始只是想將最優秀的學識帶給我們的下一代。協助青年們打造美好的未來，以及為我們的未來提供一批優秀的青年，我的這個目標現在看來顯然已經達成了。這是我一生中最聰明的投資。

芝加哥大學的年輕人都很可愛，他們有著對於未來美好的憧憬以及想成就大事業的期盼，他們中有幾個稚氣未脫的男孩對我說我是他們的偶像，十分期待我給他們提些建議。我聽從了他們的請求，忠告那些第一代的社會

菁英：

　　所謂的成功，不以人的身高、體重、學歷或是他的家庭環境來衡量的，而是以其思想的高度決定。我們思想的高低決定了我們未來的成就大小，其中最關鍵的一點是我們要對自己充滿信心，絕對不要自貶，不可廉價的出售自己。你們遠比自己想的還偉大，所以你們永遠不要看輕自己。

　　這段話收穫了很多掌聲，我顯然被掌聲迷暈了，開始自我膨脹，沒有管住自己的舌頭，繼續說著：

　　幾千年以來，很多的哲學家都說過：要學會認識自己，然而很多聽過的人都只認知到自己的消極面。大部分人都能看到自己的過失、缺點和無能，這點很好，能夠以此來不斷改進。但如果人們只看到自己的消極面，就會自亂陣腳，讓自己喪失原本該有的價值。

　　對於那些迫切盼望被尊重的人而言，現實很殘酷，因為別人對他的看法和他對自己的看法雷同，使得他們總是得到「還以為自己是什麼人啊」的評論。那些自己覺得比別人差的人，不管自己的實際能力如何，最後一定會成為比別人差的人，這是因為思想會控制行動。

　　當一個人自己覺得自己不行，那麼他的行為表現就會真的變不行，而且這種感覺是不能隱瞞的，那些認為自己

152

無足輕重的人，最後一定就會真的變得無關緊要的人。換個角度說，那些覺得自己天生具備承擔重責大任能力者，隨著時間的推演，最後真的會變成擔當大任者。所以如果你想成為重要的人，就一定要建立起「我很重要」的自信，並且要真心這樣認定，別人才會同樣這麼想。

每個人都逃脫不了這樣的法則：你的思想決定了你的行動，而你怎麼行動就決定了別人怎麼看待你。就像是成功者的計畫一樣，想獲得別人的尊重並不難，為了得到尊重，你必須先相信自己真的值得被尊重，而你越尊重自己，別人就越尊重你。

你不妨想想，你會不會尊重那些在老舊街道上隨處遊蕩的惡人呢？應該不會吧！為什麼呢？因為流浪漢們根本不看重自己，他們只會隨著自己自卑心理的加重而愈發墮落。

一個人的自我認知，是他自己個性的核心，他覺得自己是什麼樣的人，就會慢慢變成什麼樣的人。

每個人，不管身處何地，不管他是聲名顯赫還是沒沒無聞，不管他是野蠻或文明，也不管他年幼還是年長，應該都有成為重要人士的濃烈渴望。仔細想想，你身邊的每個人，你的老師、同學、鄰居、朋友甚至你自己，哪個人不希望成為重要人士？我認為誰都希望。這種渴求，是人類最熱切、最想達成的目標。

很多人原本可以實現這個目標，但最終卻沒有實現，

依我所見，完全由態度決定。態度是一個人思想與精神世界的總體呈現，它影響著我們如何選擇，如何行動。從這個說法上來看，態度是我們最好的伙伴，同時也是我們最大的敵人。

必須承認，我控制不了風的方向，但我能夠調控風帆，也就是修正我們的態度。只要你修正成會看重自己的態度，那些「我是個沒用的傢伙」的想法，就會被丟到一邊，換來的是心靈的重生、思維方式和行動模式的改變，以及自信心的強化，用「沒問題，我辦得到」的心態來看待一切。

年輕的你們，你們若有誰欺騙過自己，今後請莫再如此，覺得自己無足輕重的人，最終都會自暴自棄而變成普通人。在任何時候都不可貶低自己，一定要找出自己的優點，而且在分析自己優點的時候別太含蓄。

你們要看重自己的長處，並且告訴自己，我其實比我想像的好得多。一定要有遠見，要學會看到未來的發展性，而不是將眼光局限在眼前，要對自己有遠大的期許。請隨時記住這個想法：「重要人士會這麼做嗎？」如此你就會朝著成為重要人士的成功之路不斷向前推進了。

年輕的你們，成功路上處處是黃金，而且是一條只去不回的單行道。對此，希望各位保持樂觀的心態，哲學家把這種心態稱為「希望」。我想說的是，這是對樂觀的錯誤理解，樂觀其實是一種信念，那就是認定生活總是歡樂

多而愁苦少的，深信即便不如意事十有八九，好事還是終將到來。

　　孩子，知道嗎？這短短十幾分鐘的演說中，我居然得到全場八次的掌聲。但因為這樣，過度頻繁的掌聲擾亂了我的思緒，有個很重要的想法被掌聲打散了，那就是「要加強思考能力」，這能幫助他們提升執行力，讓他們變得更有作為。話說回來，我還是很開心，原來我的口才還滿吸引人的。

　　　　　　　　　　　　　　　　　　愛你的父親

【第25封】善用時間與金錢

1914/6/21

　　如果還沒想好最後一步怎麼走，就先別跨出第一步。

　　創造力、信念及自動自發的精神，能夠把不可能變為可能，並且突破計畫的局限。

　　親愛的約翰：

　　有一件舊事讓我常感遺憾，查爾斯（Charles Pratt）先生在1891年永遠地離開了我們，這讓我感到非常難過。

　　作為上帝最忠實的子民，查爾斯先生是一個非常善良的人，他富有且樂善好施，一直把自己辛勞賺來的錢拿去援助正處於窮苦貧困中的人們。我相信因為他的仁愛與無私，在他離世時上帝一定在天堂微笑著迎接他。

　　有緣與真摯的靈魂相伴，是天賜之福。能夠有查爾斯先生這樣的合夥人，是我此生最大的榮幸。不可否認，查爾斯先生的性格非常謹慎，這導致了我和他有不少的衝突，但是這絲毫不減我對他的尊敬。你要知道，不懂得尊重高尚的人格，你自己做人的尊嚴也就高尚不起來。

　　在那時候，公司的最高管理層們有共同吃午餐的習慣，每次吃飯時，雖然我是公司名義上的最高領導者，但

我總是將象徵核心的位置留給他，代表我對他高尚人品的崇敬。雖然這沒什麼值得說道的，高尚品格本來就應該被推崇，而對於一個團隊而言，雖然只是個小小的細節，但這細節的影響會擴及全公司，甚至影響到公司績效。

你要知道，標準石油公司的合夥人是一群正直人士，我們懂得要尊重彼此，相互信任，團結一致，這些對於合作來說至關重要，我們一起致力於實現夢想。即便之間出現意見分歧的情況，我們都是就事論事直言不諱，從來不會有什麼勾心鬥角、挑撥是非的情況出現，我認為，在這樣純粹正派的組織文化中，就算有人心念偏差，他也只能將不適當的思維收藏在家裡不帶到公司。

這只是強大的標準石油公司之所以讓對手又敬又怕的原因之一，把精誠合作視為生命中最重要的事，是最關鍵的因素，這一點查爾斯先生以身作則，是我們的榜樣。

身為標準石油公司的領導者，我曾經在董事會上誠心建議：「我們算是一家人，應該榮辱與共，我們要學會用自己堅強的雙手來托起這份共同的事業。所以在此我建議各位，別說什麼我該做什麼，而是要學會說我們應該做什麼。千萬要記得，我們是合作團隊，不管做什麼全都是為了大家的利益著想。」

顯然，查爾斯先生認同了我的發言，他率先回應我：「先生們，我知道約翰的意思是，比起『我』來說，『我們』這個詞更重要，因為我們是一家人。是的，必須說

『我們』！」

　　就從那一刻開始，我預見到我們的美好未來，因為大家都已經開始忠於「我們」。不要忘記，每個人都是自私的，人的天性是忠於自我，「我」是每個人心中當之無愧的第一位。當「我們」取代了「我」之後，它能夠爆發出難以估計的力量。我能夠締造如今的巨大成就，全因為我先經營了人，經營所有人。

　　查爾斯先生與我的信仰相同，我們是虔誠的基督教徒。我非常欣賞查爾斯先生的那句格言：「珍惜時間與金錢。」我覺得這個格言蘊含著偉大智慧。大多數的人都會喜歡這句話，可是很難把它變成自己的人生信念，並且永遠把它融入到自己的血液裡頭。

　　沒錯，不管一個人收集了多少的人生嘉言，也不管他有多高明的見解，如果不能善用每個機會去行動，那麼他的個性終究得不到什麼良好的影響。人若無法落實好想法，最後還是會一事無成。

　　一個人能否享有幸福的生活，能否功成名就，與是否善用時間有關，然而在很多人的心中，時間似乎不值一文，總是不懂珍惜地消磨它，但若有人偷走他們的時間，他們又會大發脾氣，疾呼時間就等於金錢，重要的時間甚至如同生命。但很遺憾，他們始終不懂得如何善用時間。

　　其實，這比哥倫布發現新大陸還簡單，關鍵在於我們要學會規劃自己的每一天，甚至是每一刻，並且知道自己

應該考慮什麼事情，應該怎麼行動。計畫就是我們針對每天的情況而運作的憑藉，它為我們提供可行的方向。

要制定完美計畫，首先必須確定目標，而每項計畫都要有配套措施，且監控執行成果。只有那些能付諸行動，並且有得出成果的計畫，才算是具有價值的計畫。**創造力、信念及自動自發的精神，能夠把不可能變為可能，並且突破計畫的局限**，因此，絕不能讓自己困在計畫裡面。

人生的每一刻都很關鍵，每個決定都決定了我們生命未來的走向，所以我們一定要有做決定的步驟。決心盡量別下太快，面對重大問題時**如果還沒想好最後一步怎麼走，就先別跨出第一步**。請相信，總是有時間可以思考問題，也總是有時間可以把想法實現，要有耐心來促使計畫成熟。如果做下了決定，就要懂得像個戰士那樣，忠實地執行計畫！

你不會因為賺錢而破產，這是查爾斯先生的至理名言。曾經在一次午餐聚會中，查爾斯先生分享了自己的致富理念，就在那天，他用了近乎演講家的激情勉勵我們在場的每個人，他告訴大家，世上有兩種人永遠不會有錢：

第一種人，是及時行樂的人。他們熱愛那種光鮮浮華的日子，就像是蒼蠅老是盯著腐肉那般，對奢侈品充滿興趣，恣意揮霍是他們的日常，竭盡自己所能追求華服、豪車及奢華宅邸與高價藝術品。這樣的生活著實迷人，但是它欠缺理性。這些人缺乏警覺，他們只是不斷地探尋增加

自己債務的方法，終究會成為房奴、車奴，一旦走到破產的地步也就玩完了。

第二種人，是喜歡存錢的人。把錢存放在銀行固然還算是保險的行為，但是這和把錢凍結起來沒什麼差別，要知道，只靠利息是沒辦法賺大錢的。

有一種人註定會成為富人，比如說在場的各位。我們不去找花錢的方法，我們是在尋找和培養各種投資之道，因為我們明白，可以用財富賺取更多錢財。我們會把自己的錢用在投資，以此來賺取更多財富。正如約翰一直以來的經商準則，必須讓每一分錢都能帶來收益，讓每一分錢都物有所值！

查爾斯的演講獲得滿堂彩，我被他的語言打動，以至於鼓掌過於用力，直到飯後還覺得兩個手掌隱隱作痛。

時至今日，我再也聽不到那種掌聲，也再也沒有那種鼓掌的機會，但是「珍惜時間和金錢」的信念始終陪伴著我，我沒理由去浪費自己的生命，因為浪費生命就等於放棄自己，這個世上沒有什麼比放棄自己更悲傷的事了。千萬別把安逸與享樂當做是生活的目標，因為那樣就和豬沒什麼不同了。

愛你的父親

【第26封】 衝動是魔鬼，忍為上策

1902/9/2

衝動是我們最大的敵人。忍耐若能化解那些不該發生的衝突，這種忍耐總是值得的。

你若想成功，就必抓緊每個機會不可，在維護自己機會的同時，也要學會去掠奪別人的機會。

親愛的約翰：

感念你對這個老爹的信任，跟我提到你退出花旗銀行董事會的事。當然，我能理解你為何要這麼做，同時我也理解你沒辦法忍受董事會成員的做法，更不願屈服於他們。

你這決定是不是夠明智，需要時間來證明，這理由不複雜，若你沒主動放棄該銀行的董事職位，選擇繼續留在那裡與他們周旋，可能你會有更大的收穫。

我了解，屈服其實是思想的大敵，也是自由的枷鎖。但是對一個滿懷抱負的人來說，接受有意義的屈從和忍耐是值得考慮的成功策略。我追溯自己過去的經驗，很多事我都忍了下來，而這些忍耐讓我大有收穫。

在我的創業初期，由於缺乏資金，合夥人克拉克先生曾經邀請他以前的同事加德納先生入夥。對於這件事我十

分贊同，因為一旦這個有錢人加入，就保障了我們能夠做出很多我們想做，原本沒有能力做，在擁有足夠資金的情況就辦得到的事情。

然而我沒想到的是，克拉克給我帶來一個金庫的同時，也帶來了一份巨大屈辱，他們要求將克拉克—洛克菲勒這個公司名字變更為克拉克—加德納。而且他們要把洛克菲勒的名字除去的原因很可笑，竟然是因為加德納出身名門，他們認為用他的姓氏能招來更多的客戶。

這個理由深深刺痛了我，我覺得非常憤怒！我也是合夥人的身份啊，難道僅僅因為加德納出身名門，就能憑藉資金來剝奪我的名份嗎？但是最終我忍了下來，我提醒自己，你一定要控制自己，要保持內心的平靜，後面的路還很長，這才只是開始而已。

我裝作若無其事的樣子對克拉克說：「無妨，就這樣吧！」可是事實上我沒辦法不去在乎。試想，一個遭受不公，並且自尊心受到創傷的人，怎麼可能會有這樣的度量，但最終我用自己的理性澆熄了心頭的怒火，因為我了解，這樣能給我帶來切實的利益。

所謂忍耐，並非無條件容忍，你要學會冷靜思考，要知道你的決定是否偏離或者破壞到你的目標。如果我發怒責怪克拉克，不但場面會很難看，我們的合作關係也會出現裂痕，他們接下來就很可能聯合起來將我一腳踢開，讓我一切必須從頭來過。而團結就能形成一股合力，讓我們

的事業慢慢做大，我自己的能力及利益也會跟著壯大！

我知道自己的目的是什麼。在這件事過後，我依然不計前嫌，充滿熱情地工作。到第三年的時候，我成功將那個花錢很不手軟的加德納先生送走了，讓克拉克—洛克菲勒的公司招牌重新立了起來。就是從那時候起，人們開始尊稱我為洛克菲勒先生，這時我已成為一個有錢人。

在我的人生中，忍耐絕對不是忍氣吞聲，也不代表卑躬屈膝，忍耐是一種暫時性的策略，也是對於自己個性的磨練，它能為我們孕育出好勝之心。這是我在跟克拉克先生合作的時期領悟的人生道理。

我崇尚人人平等，討厭那種高高在上的態度，然而，克拉克先生對我總愛擺出趾高氣揚的態度，對此我極為反感。他一直看不起我，始終認為我就是個目光短淺的小職員，甚至當著我的面損我，說我除了記會計帳跟管錢之外什麼都不會，沒了他我會寸步難行。我對這種公然的挑釁視若無睹，我明白尊重自己是最要緊的事，不過我在內心裡已經向他宣戰了，我一再告訴自己：必須超越他，我的強大就是一記打在他臉上最響亮的耳光，對他是最有效的侮辱。

結果誠如世人所知，克拉克—洛克菲勒這個公司名稱走入了歷史，最終取代它的是洛克菲勒—安德魯斯公司，從此我搭上了成為億萬富翁的快車。**能忍受別人無法忍受的，才能達成別人不能達成的事。**

衝動是我們最大的敵人。忍耐若能化解那些不該發生的衝突，這種忍耐總是值得的。但若堅持一意孤行，不但化解不了危機，還會給自己帶來巨大的災難。這個道理，安德魯斯先生似乎不明白。

安德魯斯先生是個剛愎自用，欠缺商業頭腦的人，他沒有成為成功商人的雄心壯志，偏見卻不少，這種人會跟我發生衝突顯然不足為奇。

最終導致我們拆夥的衝突，起源於公司發放股東的紅利。那年我們做得很好，賺進不少錢，可是我不想將公司賺到的錢全部分給股東，而是希望將其中一半的收益投資到繼續公司的營運。安德魯斯先生非常反對，這個自私的人想要將賺到的錢全部分掉，甚至極度憤怒地恐嚇我，他不想在公司繼續待下去。任何阻止公司強大的想法我都無法接受，我索性向他攤牌，然後達成協議用一百萬元買下他持有的股份。

錢到手後，安德魯斯先生顯然非常高興，他覺得自己賺到了，他覺得自己手中的股份根本不值得一百萬元。但他沒有想到的是，很快我轉手就賺了三十萬元。這件事情後來傳到他耳裡，他竟然罵我卑鄙。

我不想要因為這三十萬就落了個卑鄙的名聲，就找人告訴他，可以用原價買回這些股份，但是安德魯斯拒絕了我的提議，其實，他拒絕的是一個成為全美富豪的良機，他若能將那些股票留到現在，他會是個千萬富翁，然而為

了一時賭氣，他喪失了此生不再有的機會。

　　孩子，在這世上我們需要忍耐的人與事太多了，而誘發我們感情用事的事情也只會多不會少。你必須學會如何管理情緒，以及學會如何控制情緒，要當心在做決定的時候不受感情影響，要會冷靜的依據己身需求做出決定，永遠要清楚自己要的是什麼。你還要明白，人生中沒有多少機會可供你去錯失，**你若想成功，就必抓緊每個機會不可，在維護自己機會的同時，也要學會去掠奪別人的機會。**

　　孩子，請記住，忍耐是很寶貴的素質，它能夠帶給你快樂、機會以及成就。

　　　　　　　　　　　　　　　　　　愛你的父親

【第27封】幸運之神青睞勇者

1898/10/7

　　如果你的人生有百分之五十一的時間做對了抉擇，那麼到最後你一定能成為英雄。

　　如果你的行為像個成功者，那麼你就會做出更多成功者的事，進而改變自己的運氣。

　　親愛的約翰：

　　幾天前，你的姐姐艾蒂絲非常高興的告訴我，她走運了，她手裡的股票就像言聽計從的忠實奴僕一樣，幫她把大筆大筆的金錢送進口袋。

　　小艾蒂絲應該已經樂壞了，但是我不希望她因為那些錢而開心到掉以輕心，我提醒她，運氣未必都是好的，當心被搞到一敗塗地。

　　每個成功人士幾乎都曾經警告過世人：別指望靠運氣活著，尤其不要妄想依靠運氣來開展職業生涯。荒謬的是，很多人依然篤信運氣的魔力，我想他們是把機會誤解為運氣，等不到機會運氣也就用完了。

　　孩子，請你想想那些你認識的人，你就能知道，他們都不是什麼溫和有禮的人，可以確定的是，他們散發出的自信以及那種人定勝天的態度，讓他們看起來無所畏懼。

這其中隱含著雞生蛋、蛋生雞的吊詭論證，幸運者是因為好運氣上門而信心大增且勇氣十足，還是因為他們表現得自信有膽識而得以幸運？我想答案是後者。

幸運之神往往眷顧勇者，這是我此生信奉的準則，最終勝利的人未必是強者，那些勇敢而無畏，充滿自信的人常能拔得頭籌。當然，也有不少人相信謹慎比勇敢更重要，但是大膽勇敢比小心謹慎更能引人注目、更招人喜歡，更有吸引力，懦弱之徒根本不是對手。

人人都支持自信果決者，期待這樣的人能來領導大家，這樣的人之所以能吸引大家，就在於他們自身散發著不可取代的人格魅力。勇敢的人總能成功，常有擔任領袖、總裁或司令官的機會，那些能迅速升職的人也是這類人。

我從經驗裡學到，那些大膽而果決的人能夠完成最成功的交易，博得更多人支持而組成最強力的同盟，而怯懦、猶豫不決的人總是難以為自己爭取到好處。非但如此，大膽出手也是對自己極有利的作法，**自信的人深信自己一定能成功，他們能以成功為前提設計出一連串計畫來追求成功**。話說回來，這麼做並不保證最後一定會成功，但卻能推導出最終可以成功的路徑。換個說法，如果你覺得自己會成為最終獲勝的人，那你的行為方式就會像個成功者，**如果你的行為像個成功者，那麼你就會做出更多成功者的事，進而改變自己的運氣**。

真正的勇士絕非目空一切的狂妄之人，更不是無腦的莽漢。勇者知道如何運用預測技術和判斷力來計畫自己之後要走的每一步以及要做的每個決定，軍事家都很清楚，這是讓自己力量大增的最佳手段，比方若擁有一項強大武器立刻能形成明顯優勢來摧毀對手。這讓我回憶起十幾年前買下萊瑪油區的來龍去脈。

　　在我買下那油區之前，石油界一直存在著對於原油即將枯竭的擔憂，就連我的部屬都老是覺得不能長久在煉油產業中獲取利益，暗地在變賣所持有的公司股票，甚至有人建議公司要及早脫離煉油產業，轉行去投入更穩當的產業，不然公司遲早要垮臺。身為領袖，面對悲觀氛圍應該傳遞給大家的是希望而不是絕望，我告訴惶惶不安的同事們：我們需要的一切，上帝都會賜給我們。

　　讓我再度感受到上帝溫暖，是有人在俄亥俄州萊瑪鎮挖掘出石油的時候。然而萊瑪的原油散發著一些用很多方法都無法消除掉的難聞異味，嚴重打擊了多數人想藉此大賺其錢的信心。與他們不同，我對這塊油田信心滿滿，我能預見到若能獨佔萊瑪油田，就具備了主宰石油市場的巨大力量。機會就在面前，如果我讓它偷偷溜掉，那麼我洛克菲勒的名號乾脆改寫成 PIG（豬）算了。我認真地對公司的董事們宣布：這個機會千載難逢，我們應該把錢投資到萊瑪。

　　非常遺憾的是，那些膽小怕事的人反對我的提案。

我從來不會將自己的想法強加給別人，我希望大家能和顏悅色地討論，以取得一致的結論。

　　那是一場漫長的等待，而且我等不到可以接受的結果。我十分焦慮，當時我們已建立了世界級的大煉油廠，它像個嗷嗷待哺的嬰兒張大嘴等待著母乳的餵養，渴望吸取源源不斷的原油。而賓州的油田正慢慢在凋零，很多小油田開始減少產出，長期這樣下去我們就必須仰賴俄羅斯原油的進口。可以肯定的是，到那時候俄國人絕對會藉由對油田的掌控來不斷削弱我們的競爭力，甚至把我們徹底擊垮，使我們無法在歐洲市場立足。如果我擁有萊瑪的原油產能，我們就能保住贏家地位。我不願坐以待斃，必須做些什麼了。

　　就像我所預料的，董事會裡的保守派仍然持反對意見，於是，我用讓反對派跌破眼鏡的方式說服了他們。我說：「各位夥伴，如果你們不希望讓我們這艘大船沉沒，就必須確保我們的原油供應。當前，萊瑪地下的原油已經在向我們揮手致意，我相信它能給我們帶來閃閃發亮的大筆錢財。所以請看在老天的份上，別再說什麼那些帶著異味的石油沒有價值，我認為老天賜予我們的都有令人期待的價值，我相信科學的前進很快就能去除我們的擔憂。現在我決定將自己的錢投到萊瑪油田上，並且打算承擔兩年的經營風險。如果兩年之後這個項目成功了，公司要將這筆錢還給我，假設不幸失敗了，損失由我一人承擔。」

我的決心和誠意打動了最大的反對者查爾斯‧普拉特先生，他飽含熱淚對我說：「約翰，你成功說服了我，如果你覺得非這樣幹不可，我願意奉陪，你願意冒這個風險，我也願意！」正是這種同進同出的團隊精神，支撐著我們不斷前進。

　　結果證明我們成功了。我們將所有的資金投入到萊瑪油田，得到了巨額的收益。我們把全美最大的原油產地牢牢控制在自己的手上，而在萊瑪的成功又強化了我們的活力，提供我們不斷收購的資本。最後就如同我們所預想的，我們成為了煉油產業讓人最敬畏的超大船艦團隊，建立了無法動搖的主宰地位。

　　孩子，態度能夠幫你創造運氣，而機遇就在你的抉擇當中。**如果你的人生有百分之五十一的時間做對了抉擇，那麼到最後你一定能成為英雄**，這是我關於幸運這個主題最深刻的領悟。

　　　　　　　　　　　　　　　　　　　　　愛你的父親

【第28封】真心相信自己可以，辦法自然來

1903/12/4

做什麼事都不會只有一種好方法，最佳方案是擁有開創性的心靈。

成就最大者總是抱持著「我還能把事情做得更好」的態度的人。

親愛的約翰：

我不贊同你認為羅傑斯先生能夠獨挑大樑的觀點。其實，我曾經做過類似的安排，但結果讓我大失所望。我用人的原則就是能夠被委以重任的人是那些為了將事情做好而找出更好辦法的人，但是羅傑斯顯然不合適，因為他是個懶得思考的人。

在我想要啟用羅傑斯以前，我曾經問過他一個問題，我說：「羅傑斯先生，你覺得政府要怎麼做才夠用三十年之內的時間把所有的監獄廢除掉？」他聽完這問題一臉困惑，以為自己聽錯了，沉默一下子之後，他開口辯駁說：「洛克菲勒先生，您想要將強姦犯、殺人犯和盜匪都放出監獄嗎？您知不知道這麼做會造成什麼後果？若果真如此，社會將不再安寧。監獄無論如何一定要存在。」

我很希望羅傑斯能將自己那僵硬如鐵塊般的頭殼敲出

縫隙，好讓我提醒他：「羅傑斯，你只是告訴我不可廢除的理由，而我想問的是，在此前提下，那如果還是必須廢除監獄，我們可以怎麼做？」

「對不起，洛克菲勒先生，這太讓我為難了，我接受不了這件事，也思考不出什麼廢除它的辦法。」這是羅傑斯所謂的辦法，它叫做「沒有辦法」。

我很難想像，若是給予他重責大任，在面對機會或挑戰時，他能否動用所有能力智慧來積極處理，我相信不了羅傑斯，他只會把希望變失望。

找出將事情處理好的方法，是把事情完成的先決條件，這不需要有什麼過人的智慧，關鍵是你必須相信自己可以將事情做成，就是必須要有此信念。當我們認定某件事情辦不到時，大腦會為此找出各式各樣不可行的理由。

只要認定某事能成，我們就有辦法找到解決方案，將我們內在有開創性的能力發揮出來。反之，如果不相信事情能成功，那麼就等同自己關閉了解決問題的開創思維，這樣不僅阻礙我們發揮開創性的能力，還會讓夢想破滅。這就是「有志者事竟成」的道理。

我討厭我的部屬說「不可能」，「不可能」是失敗者的辭彙，人們一旦被自己那種「這件事不可能」的想法盤據了內心，自己就會據此衍生一連串的想法來證明自己想的沒有問題，羅傑斯顯然就有這種壞毛病。他是個有傳統思想的人，心靈是麻木的，他固定的想法是：這些已施

行百年的想法必定是金科玉律，應該信奉不疑，為何一定要冒險改變它？面對挑戰，用心想出辦法就一定能克服困難，而「普通人」總是抗拒進步的。

做什麼事都不會只有一種好方法，最佳方案是擁有開創性的心靈。不是什麼事都永遠正確，如果被傳統思維凍結了心靈，嶄新的想法就沒有出頭之日。

傳統的觀念是開創性計畫的頭號大敵，那些觀念阻礙著我們施展創造力，羅傑斯就很容易犯這種毛病。他應該試著接受各式各樣的創意，摒棄「不可能」、「做不到」、「沒有用」的慣性抗拒態度，學著以實驗精神勇於嘗試嶄新事物，那樣能夠拓展他的能力，為他承擔更大的重任打下基礎。同時，他也要積極主動前進，而不是想著這是我一貫的做事方法，所以這次我也採用同樣的方法。他應該想：有什麼方案比我的老辦法更好呢？

什麼計畫都不是絕對完美的，這意味著將事情不斷改良的作法可以一直進行下去。我深深了解這點，所以常會找到更好的方法。我從來不問自己，我到底能不能做好，我明白我一定可以做到，所以我常問自己的問題是：怎樣才能把事情做得更好？

找出完美辦法最好路徑，就是擁有很多的想法。我總是給自己與別人制定較高的要求標準，始終尋找到提升效率的辦法，用最低成本來換取更多報酬，投入更少的精力去做出更多的事。我了解到，成就最大者總是抱持著「我

還能把事情做得更好」的態度的人。

　　「我還能把事情做得更好」的態度並非人與生俱來的，它需要培養，要每天思考著：今天我要怎麼做可以把工作做得更好，要怎麼激勵員工？我還可以給公司做出哪些特別的貢獻？為了提升工作效率，我還可以怎麼做？這些動腦訓練不困難，而且非常實用。你不妨試試，相信你也能發現很多創新手段來幫自己獲取成功。

　　我們的能力由心態決定。我們認定自己能做多少，就可以做多少。當我們認定自己還能做更多，我們就會運用創意思維去想出能夠做得更多的方法。

　　拒絕接受嶄新事物和挑戰的人，是不智的。我們應該全神貫注去發想如何能夠做更多，唯有如此，那些創意十足的解決方案才能油然而生。就好像改善既有的工作計畫，或是執行日常工作的更高效方案，或者捨棄掉那些不重要的瑣碎小事。換言之，能夠讓我們做更多也收穫更多的方法，往往就此誕生。

　　話說回來，孩子，我不反對你和羅傑斯先生談談，我也希望他能有所改變，若果真如此，他的好日子就來了。

愛你的父親

【第29封】結束就是另一個開始

1908/8/31

> 率先找到對手弱點並給予致命一擊的人,幾乎都會
> 是贏家。
>
> 多數失敗者會失敗,並不是因為他們犯了什麼致命
> 錯誤,而是因為他們沒有全身心投入。

親愛的約翰:

安德魯‧卡內基先生再次接受了記者專訪,我至今也
搞不清楚他為何那麼愛在媒體亮相。我認為他必定是得了
被遺忘恐慌症,深怕別人沒發現他的存在。

不過,我依然很喜歡這個老愛和我較量的傢伙,因為
他很勤奮,並且野心十足,就像是個永遠不知道累的機
器,一直把「向前推進」視為首要之務,正因如此,每回
他被問到自己的成功訣竅時,總是告訴記者們:結束就是
另一個開始。

我實在很難相信,一個打鐵的如何說得出這麼精闢的
見解,我相信這九個字組成的金言很快就會流傳到各地,
或者卡內基先生會因這句話而得到「商界哲學家」的封號
也說不定。其實,他的確值得人們如此誇讚,畢竟能將自
己成功的人生提煉成一句金言,正表現了這位商界巨賈的

過人智慧。

然而，卡內基先生給出的，僅只是一道邁向成功的法則，卻沒有將推演過程演繹出來，顯然這傢伙還是有點自私，不想讓人洞悉他的成功秘辛。我倒是很想幫這鐵匠解說一下這法則的原理，不過你可別外傳。要不然，很可能因為我洩露了他的秘密，到耶誕節時他不僅會送我威士忌，還會加送雪茄。他明知我滴酒不沾，更了解我是主張禁煙，這傢伙就是這麼有趣。

「結束就是另一個開始」，這句話在我看來是想要表明一個道理——成功是一個不斷衍生的過程。就像是一頭多產母牛，牠生下自己第一頭小牛以後，很快又會懷第二頭小牛，如此生生不息的循環往復。所謂的結束，只是上一段路程的終結點，同時也是下一段路程的起始點。

每個成功的偉大人士，其成就都是由一個個微小的成就組成的，他們在終結點慶賀自己一段時間的勝利，同時又在終結點毅然決然踏上追求新夢想的旅程。這是每個締造偉大成就的人所擁有的素質。

然而，如何才能開始新夢想的篇章呢？卡內基先生刻意不提，而這「剛好」是能不能抵達眼前終結點的要訣，更是進入到下一段旅程的關鍵。答案不難，就是從一開始你就要想盡辦法取得大量的優勢，經驗告訴我，有三種策略能讓我們掌握優勢。

策略一：在一開始就下定決心，留意競爭情況及競爭

者的資源。

　　換言之，為了掌握成功的可能性，我們要了解自己擁有什麼資源，也要了解其它競爭者有何資源。我們從事新事業，在未了解全局前不宜啟動初階計畫。成功的第一步是了解達成目標需要動用哪些資源，這些資源何在，數量是多少。

　　在剛開始時，我會想辦法推斷可能出現什麼機會，每當機會一出現，而且是還算不錯的機會，我就會像餓虎撲羊那樣撲上去。我一直提醒自己，不錯的先到手，最好的就隨緣，人們大多熱衷於追求最好的事物，因而容易放棄其它也還不錯的東西，這種做法不太明智，畢竟還不錯的總比不好的強得多。而現實人生是，最理想的機會極少會自己送上門來，卻常會有很多未臻理想，但還算不錯的機會，硬要挑剔難免有不足之處，但遠比沒機會強太多了。

　　策略二：要研判對方的狀況，然後學會利用研判後的資訊形成己方優勢。

　　了解對手的優缺點、行事風格及個性特質等，能讓我們在競爭時佔優勢。而且，我們同時也要了解自己的定位，這個策略曾讓說出「結束就是另一個開始」的卡內基先生俯首稱臣。

　　卡內基先生那「鋼鐵巨人」的封號還真是實至名歸，挑戰他就無異於自尋死路，還好我清楚他的缺點何在，這幫了我一個大忙。此人相當固執，也許是因為他太富有

了，所以他總是高高在上容易輕視別人。他從沒將我當一回事，傻傻以為石油事業才是我的地盤，還頑固地認定只有笨蛋才會投入採礦行業中。因為他覺得礦石是低價商品，並且礦石怎麼採也採不盡。

所以，當我投身到採礦業時，他基本上遇到誰都會提起我來嘲笑一番，說我根本不懂鋼鐵產業，是全美國最差勁的投資者。實際上，卡內基先生的目光有些短淺，他不知道價格沒有那麼神聖，價值才是重點，如果無法掌控採礦業，他引以為傲的煉鋼廠就和廢鐵沒什麼差別。

當別人不將你當做對手時，就是你給將來的競爭取得更多資本的時機。所以從那時候起，我就大膽地做全面性投資。衝動遠比慎重有殺傷力，這個高傲的打鐵仔很快就發現，自己嘲諷的那個「全美國最差勁的投資者」掌控了整個鐵礦業，成為全美國最大的礦石業者，並成功取得了主導地位，足以與他同台較勁。他慌了，低頭找我談和。

競爭中，**率先找到對手弱點並給予致命一擊的人，幾乎都會是贏家**。

策略三：擁有正確的心態。

在剛開始時，你一定要下好決心求得最終勝利。這意味著在道德的底線之下你應該表現出具有攻擊性的積極態勢，因為這種態勢其實源於你為自己設定的嚴苛目標。

既然下定決心求取勝利，就一定要全力以赴去做，沒有全力以赴怎能取得輝煌成就？在競爭開始的時候更應當

這麼做。換言之，早早努力盡快取得優勢，建立獨佔地位為上策。而另一種的說法是，努力付出是為了削減競爭者的機會，同時我們要勇敢迎戰一切，要有鯨吞四方的豪氣。我相信，天選的成功者總是由勇者擔任，這是千古不變的準則。

在《新約聖經》中，使徒保羅說：「如今常存的，有信，有望，有愛，這三樣，其中最大的是愛。」每個新旅程的開始，最為重要的就是要保持追求最終勝利的決心，欠缺追求勝利的態度，對於競爭情況、競爭對手有多了解都於事無補。吸取知識、維持掌控能力、研判競爭情況，是幫助你建立自信，助你贏得最終極勝局的關鍵因素。

看看那些失敗者，你會發現他們大多數會失敗，並不是因為他們犯了什麼致命錯誤，而是因為他們沒有全身心投入，企業亦同。

孩子，牢記卡內基先生那句必定會廣為傳頌的名言「結束就是另一個開始」，當然，還有我提到的三個策略。（天啊，別洩露了我的這三個策略，我並不想挽救一個我不希望他得救的謀略家！）

愛你的父親

【第30封】別被消極小人拖下水

1902/5/11

那些說你做不到的人都不是成功者,他們個人的成就乏善可陳,這種人的意見根本沒有建設性。

人生不必承擔因為消極輕率而付出的多餘代價。

親愛的約翰:

我認為你應該已經發現,你的思想和觀點因為朋友的影響而起了變化。我不反對你擴大自己的社交圈,因為那可以讓你的生活增添情趣,將你的生活領域擴得更大,甚至幫你尋得知己或能助你實現夢想的人。然而,某些人顯然不值一交,例如那些老是著眼於瑣碎、卑微事物的人。

我在年輕時,不與以下這兩種人交往——

第一種,是向現實妥協且安於現狀的人。他們深深以為自己條件太差,認定有所成就的人都是幸運兒,他們沒那種福份,這種人往往固守著一個平凡而有保障的工作,日復一日年復一年的混日子。他們也了解到應該找一份更具挑戰性的工作,才有益於將來的成長與發展,但因為種種以阻力為名的藉口,讓他們說服自己確實做不了大事。

明智的人不會坐嘆命運不濟,而第一種人則很擅長做這件事,他們學不會欣賞自己、看不出自己的分量與價

值，他們已經失去驅動自己竭盡全力的熱情以及鞭策自我的本能，反而不斷讓消極頹喪盤據著自己的內心。

第二種人，是無法堅持挑戰到最後的人，他們曾有遠大的目標與志向，也曾經為了自己能創造成就而努力，擬定過相關計劃，但過了十幾年或幾十年之後，工作阻力逐漸加大，為了向上攀爬而艱苦奮鬥的時候，他們通常會感到不值得這麼做，因此不願再努力，一整個自暴自棄。

他們還會自我解嘲：「我們已經比普通人賺得還多了，生活也比他們好，為何要不知足，冒什麼險啊？」事實上，這種人心中有很多的恐懼，他們害怕自己不被認同，害怕事情會失敗，害怕意外的事會發生，害怕失去自己既有的事物，他們雖然沒那麼容易滿足，卻已放棄掙扎了。這種人其實能力不差，卻因為沒勇氣再冒險，選擇了平平淡淡過完一生。

以上兩種人有相同的毛病，這毛病還很容易感染給別人，那就是「消極」。

我一直覺得，人的個性及企圖心，現在是什麼身份地位，和他跟什麼樣的人交往有關係。若總是和消極人士來往，自己也會變消極退縮。常和小人物來往，你就會沾染到一些卑微的習慣；反之，若常和大人物接觸，就會提升自己的思想層次；經常和滿懷雄心壯志的成功者來往，自然也能培養出邁向成功所須的野心壯志和行動力。

我特別喜歡永遠都不屈服的人，我樂於跟這種人交朋

友。某個聰明人說過：逆境雖沒人喜歡，但我願意挑戰，因為智者說，**挑戰逆境是邁向成功最有智慧的抉擇**，只是願意這麼做的人少之又少。

勇於挑戰逆境的人，不會讓悲觀想法影響自己，不屈服於任何阻力，更不認為自己會度過渾渾噩噩的一生，他們人生的目標是要有所成就。這種人總是一派樂觀，因為他們深信自己能夠完成心願，這樣的人往往能成為各領域的優秀代表。他們享受人生，也懂得生命的價值與可貴，總在期待新事物的到來以及和他人之間會摩擦出新火花，因為他們知道這些事情都是豐富人生賜予的歷練，所以他們非常樂於接受。

我認為誰都想成為這樣的人，因為這種人會成功，也只有這種人才真的在做事，而且能夠心想事成。

糟糕的是，生活中消極者到處都有，大部分的人都沒辦法走出消極氛圍的迷霧。

環顧我們四周，什麼樣的人都有，有人保守消極，也有人奮發積極。在我曾經共事過的人裡頭，有的人是純粹只想混口飯吃，有的人則極富野心、滿懷雄心壯志，想有一番作為。他們非常明白，想成為大人物之前一定要先成為優秀的追隨者。

想要有大成就的人，必須避免落入各種圈套和陷阱。隨時隨地都有人明知不可依然想阻斷你前進的道路，妨礙你更進一步。很多正在奮發向上的人，會遭人嘲諷或嚇

唬，也有那種見不得好的，看到人家力爭上游、努力表現，就千方百計要想盡辦法設局挖坑，想讓人受挫。

我們無法阻止那些吃飽太閒的消極人士，但我們能夠盡量別被那些人干擾，貶損了我們的思想高度。就讓他們像空氣一樣隨風而去，像河流上的枯枝爛葉那樣跟著河水遠去吧！

跟隨有積極進取想法的人，與他們一同進步、一同成長吧！我相信你能做到這一點，只要你還有正確思維，你就一定能做到，而且也必須這麼做。

有些消極人士本質良善，但也有些消極人士不想努力也就算了還老是要拖別人下水，他們自己毫無作為，就希望別人也搞不出什麼名堂來。要記得，**那些說你做不到的人都不是成功者，他們個人的成就乏善可陳，這種人的意見根本沒有建設性。**

你要防備那些說你做不到的人，要看懂他們的警告剛好可當做對於你一定能做到的激勵。你還要防備消極人士來杯葛你走向成功的計畫，這種人層出不窮，他們好像專門以破壞別人的發展與進步為樂。你務必要留意，隨時提防消極人士，絕對不要被他們擾亂了你的成功計畫，別被那些滿懷嫉妒、心胸狹隘、思想消極的人阻礙你前進的腳步。那些人都在等著看你受挫，別讓他們得逞。

遇到困難時，**最高明的解決之道是找一流人士出手相助。** 請教失敗者不是不行，但很可能會淪為像找庸醫來治

療重症那樣可笑。你的前途至關緊要,重要事情向光說不練的人徵求意見並不可取,因為這種人沒有值得稱許的實際成就。

你要重視身邊的環境,就像食物能滿足你身體的需求一樣,精神糧食也能滋養你心理的健康,要讓環境成為你努力奮鬥的資源,不要被那些扯後腿的人搞得你退縮不前,成為拖累你的不利因素。要讓環境成為助力的方法是:要多多接近那些積極進取的成功人士,對於消極人士則敬而遠之。

做任何事都要力求完善,人生不必承擔因為消極輕率而付出的多餘代價。

愛你的父親

【第 31 封】學會做個目標主義者

1902/5/11

目標是領導者的行事依據，目標即一切。

到達地獄的道路通常是由善意鋪成的，你若未做好完善準備就別草率行事。

親愛的約翰：

你能走到標準石油公司的核心層，是你的榮耀，我也引以為傲。你要知道，你在享受這項榮耀時同樣要肩負隨之而來的責任，不然就會愧對這項榮耀，辜負了別人對你的期待與信賴。不要忘記，你是標準石油的中堅力量，這個事業能夠成功發展還是會走下坡都和你有關，所以你要以更高的標準來自我要求。

坦白講，想在這個位置上有傑出表現，得到眾人的肯定，你要學的東西非常多，其實你現在要思考的是你能不能善盡職責。

組織的領導者扮演著願景嚮導的角色，要能帶領部屬安然度過前方的各種艱困阻礙。身為領導者，不免會遭遇一連串的問題，比如堆積如山的任務、一波接一波接踵而至的資訊、突發而至的意外變故、領導高層與投資者甚至來自客戶們無窮的要求、叫不動的部屬等等，挑戰在不停

地變動著，讓你分身乏術，挫折感、焦慮、恐懼及不知所措不斷襲來，到最後你的所有人生夢想都成為泡影。

相信嗎？做個活力飽滿且信心十足的優秀領導者，遠比做個死氣沉沉、終日欲振乏力的領導者簡單，而其先決條件是他要明白怎麼做可以讓他的部屬心甘情願為他效勞。我說的是心甘情願，而不是被硬性要求。

身為標準石油公司的領導者，我總是在愉悅的心情下行使我的權威，因為找到確定能達成任務的人就是在為我創造時間，這讓我活力十足，更棒的是，它讓我有更多時間思索怎麼做能為公司賺到更多錢。

這裡提到的關鍵是態度。行動是由態度所促成，我們選擇採用何種態度，決定了我們會採取何種行為，而結果會如何，也就相去不遠了。人能夠藉由改變自己的態度來扭轉人生，如果你認為態度是能夠改變的，那你的人生就一定能夠有轉機。

聰明者總是懂得選擇對自己最有利的態度。熟悉領導藝術的人常會自問：到底什麼態度才可以幫助自己達成最期待的結果，是採取激勵鼓舞的態度？還是同情體恤的態度？再怎麼樣也不會選擇生硬冷淡或敵對仇視的態度。

如果你將自己看得很高，希望採用專制威權的態度，你很有可能會成為下個路易十六（法國大革命時被送上斷頭台的末代國王）。以我來說，我從來都不會跋扈蠻橫，去製造什麼衝突，或給自身施加過大的壓力。反而有著信

任部屬、鼓舞他們的士氣來達成我期望的一種商業目標的習慣，這習慣能協助我靈活運用部屬。想要做到這點並不難，就是要善於設定目標。

我正是一個目標主義者，我不像某些人喜歡誇大目標的作用，我卻格外注重目標的功能。依我所見，**目標是激發潛能的關鍵，它主導著一切，影響我們的所作所為，激勵我們形成達到目標的條件。**果斷而明確的目標可以讓我們更加專注於奮鬥的方向，且竭盡全力達成目標。

經驗讓我學到，一個人能夠完成的任務以及他的表現，取決於目標的本質及個人能力。試想，沒有打一桿就能完賽的高爾夫球賽，你必需一洞一洞往前打，你所打出的每一桿，都是要越來越靠近球洞，一直到進洞。

目標是領導者的行事依據，目標即一切。我常會在做事前先確立目標，並且每天都設定目標，數不完的目標，就像我和合夥人談話的目的，召開公司會議的目的，制定計畫的目的等。我會在做事情之前，先檢視自己所設定的目標，通常我在到達公司時就已做了萬全準備。在我心中從來沒有出現過像「我沒辦法」、「別指望了」、「我管不了」之類很消極的想法，每次目標的確立，都能消弭這些失敗主義的影響。

你若不能確定目標，就很有可能會被其他事情轉移關注的焦點，結果將導致你喪失掌控全局的能力，而你也會受制於那些讓你轉移心思或干擾你行動的人或事。

如此一來，就像是一艘遊艇在碼頭邊解開了固定的繩索，卻忘了發動引擎，開始了隨浪擺盪之旅，波浪、海風、潮水或別的船隻，你隨時都有可能船毀人亡。或許在彼岸有好事在等你，但若沒有奇蹟出現，你恐怕永遠無法抵達彼岸。確立目標就像是發動遊艇的引擎，能夠驅策你往設定的方向行駛。目標，給予人們努力的方向及力量。

　　確立目標，之於一個目標主義者只算做到一半，你必需再走下半段路程。你要鉅細靡遺的向部屬闡述你的目的、你的企圖、你的動機以及成竹在胸的戰略計畫。對於每個需要知道我目標的人，我都會跟他們說清楚我的目標。所以在每次的會議、簡報或任務的起始階段，我總會率先說明我的動機、看法與期望。這麼做的好處，有時會讓我喜出望外，不僅能讓部屬清楚我的目的，知道怎麼做才是適當的前進方向。最關鍵的是，當我毫無保留將目標說出來之後，我會收獲到情感方面的忠誠，須知，忠誠是心甘情願效勞的前提。

　　每位傑出的領導者都善於運用兩種無形的力量：信任以及尊重。當你坦誠說出自己的目標時，你傳達著這樣的訊息：因為我十足信任你們，所以願意什麼都告訴你們。它開啟了信任的大門，而這門之外，你獲取到的不僅僅是部屬的工作能力，還收獲了他們的忠誠，這股忠誠能把眾人的力量凝聚起來，這是用錢也買不到的。信賴別人，也讓別人信賴，這是我能有此生成就的重要原因。

揭露你的目標，可避免無益的討論。你若不對部屬說明你的目標為何，他們就會花大量時間去猜測你目標是什麼，並且依據收集到的線索來推斷，然而這樣的訊息非常容易被錯誤解讀。唯有不必去猜測你的動機時，你部屬的能力及力氣才有可能完整發揮，在這方面，將部屬當成必須交代清楚才能工作的「呆瓜」是不錯的策略。

　　闡明目標的力量是沒辦法取代的，它要傳達的不但是一個聲明，也是領導者堅定果斷的宣誓。果斷裁示且堅定執行的目標能夠讓部屬們得到激勵，在他們接下來的工作會因此而有更優秀的表現。

　　找到問題是領導者的本職，想要解決問題就要依靠你的部屬。怎麼樣才能帶動部屬履行職責，是領導者優先要思考的事情。我相信，闡明你的目標，並且熱情看待每個人，就能達成你所想要的目標。

　　目標就像是鑽石那樣：你希望它有價值，首先它必須是真貨。揭露那些欠缺誠意的目標有害無益，濫用目標的力量只會喪失與部屬之間的互信，彼此之間將無信賴可言。這是揭露目標的風險，不可不慎。

　　孩子，**到達地獄的道路通常是由善意鋪成的，你若未做好完善準備就別草率行事**，不然這句話有可能會成真。

　　　　　　　　　　　　　　　　愛你的父親

【第32封】以激勵代替責難，杜絕推諉風氣

1910/7/24

分析自己當前的職責，不等於自責。自責，是一種最狡猾而不好對付的責難困境。

自己變得越強大，別人對我們的影響就會越微不足道。

親愛的約翰：

如果我告訴你，那個一直不肯示弱，永遠覺得自己是全球首富的安德魯‧卡內基先生來拜訪我，並且向我請益一個極嚴肅的問題，你會不會大吃一驚？其實，那個偉大的鐵匠就這麼做了。

兩天之前，卡內基先生來到我們的基奎特（Kykuit，老洛克菲勒退休之後的居住地）。或許是我態度比較和藹，以及我們比較輕鬆的談話氛圍，軟化了卡內基先生那鋼鐵一般的自尊。他擺低姿態問我：「約翰，你帶領著一群能力出眾的人，雖然我不覺得他們的才幹無法挑戰。我不解的是，他們好像所向披靡，總是游刃有餘的將競爭對手擊敗。我最好奇的是，你到底用什麼樣的魔法讓他們擁有那種王者之師的氣魄，是靠金錢的力量嗎？」

我告訴卡內基先生，金錢的力量固然不能小看，但是

賦予責任的影響力也很強大。有時候，不是想法產生行動，而是責任感催生了行動。標準石油公司的同仁，每個人都有負責盡職的精神，都清楚自己的責任是什麼，該怎麼做才可以把事情做好。我從來不高談什麼責任感或應盡的義務，我只是以領導風格來開創以責任感驅動的企業。

我本以為此話題到這裡就該告一段落，但卡內基先生顯然被我的說法激發了的好奇心，他一臉認真地接著問道：「約翰，快告訴我，你到底是怎麼辦到的？」

看著卡內基先生那難得一見的謙卑眼神，我實在無法抗拒，決定以誠相待對他細說分明。我跟他說，**如果組織想要永久存續，那團隊領導的原則就不能因為任何理由而責難某人或某事**。責難就像是沼澤泥淖，一旦我們開始責難，就會因為陷落而失去立足點，勢必寸步難行，甚至陷入厭惡與挫敗的困局。最後只會有一種結果，那就是失去部屬的敬重與效忠。一旦陷入這種情況，就會像是拱手將王冠送給別人，放棄自己的主宰權。

我很清楚，**責難是搞垮領導力的最大殺手**，我也明白，世上沒有常勝將軍，任何人都難免會遭遇挫敗，面對問題，我不會輕易憤怒與不滿，我只會先思考，如何能讓局面好轉，怎麼做能夠修復補救眼前的過失，隨後積極往更高效的行動力或更優質的產出推進。

此外，我律己甚嚴，當壞事臨頭時，我通常會停下來自問，我現在的職責是什麼，然後回歸到原點，先對自身

角色做完整且坦誠的評估，而不是去探查別人做了些什麼或是一味要求別人做什麼調整等等一系列於事無補的作為。實際上，只有把焦點全部放自己身上，我才可以將自己不經意間丟失的王冠再取回。

分析自己當前的職責，不等於自責。**自責，是一種最狡猾而不好對付的責難困境**，例如「那實在是個笨到不行的失誤」之類自我責難的話語，能讓自己陷入與其他責難相同的，厭惡與挫敗的困局中。其實，這種自我審視的「我當前的職責是什麼」是既有強大分析能力與自我肯定的手段。當我明白，問題核心不在於別人該做什麼，而是我該做什麼的時候，我就不會怨天尤人，而是努力讓自己變更強大。**自己變得越強大，別人對我們的影響就會越微不足道**，這樣還不錯。

我若能將每個阻礙都視為能夠更加認識自己的機會，而不會老是計較別人又幹了什麼蠢事，那我就可以在領導危機的困局迷宮裡找到逃出生天的明路。

此外，我從來不認為自己應該扮演救世主，所以從來不會抱持救世主心態。我會問自己：哪些方面是我必須負責的，以及在哪些方面，部屬們應該要負責。領導者的職能不在於無所不知、萬能全責，如果我把自己定位在勇猛的正義化身，然後試圖去拯救世界，那只會徒然讓自己面臨領導危機。我的責任有極大部分是要讓每個人承擔自己應負的責任。如果一個員工對自己與切身利益相關的事毫

不關心，我會認為這種員工欠缺優秀的執行力，他不適合留在我的團隊裡，我會請他另謀高就。

感到肩負著責任的壓力往往會讓人精神一振，沒有什麼事能像責任感那樣可以激發且增強人們做事的能力，而把重大責任交付給部屬並且讓他明白我完全信任他，對他們來說顯然會有極大的幫助，所以**我從來都不爭搶部屬應該且有能力承擔的責任。**

我不只是以身作則來塑造組織文化與氛圍，部屬們都清楚我的基本原則。在標準石油公司，**不責難、不接受藉口，這是我多年來始終堅持的理念**，公司的每個人都非常清楚。我們推崇的是支持、鼓勵與尊重，員工們不會因為犯錯就被懲處，但嚴禁不負責任的行為，此原則全員徹底奉行。只會找各種各樣的藉口而不謀思解決方案的人，在標準石油公司沒有容身之處。

實際上，我們很少犯錯，因為領導者的大門隨時為部屬們敞開。部屬們可以隨時向我表達意見，或只是純粹發發牢騷，但還是要求用負責任的態度來談。這樣做讓我們更信任彼此，因為大家都清楚凡事都會開誠布公討論。

卡內基先生是個出色的老學生，他沒浪費我時間，在我說完這番話之後，他說：「在充斥著抱怨的環境中，再優秀的員工也會變成泛泛之輩！」顯然他明白了這個道理，實在太聰明了。

孩子，誰都不免會有推卸責任的自我保護心理，所以

才導致推諉的狀況層出不窮。它的危害是巨大的，想要避免的話就要學會傾聽。

對於一個成功的領導者來說，最大的挑戰就是要懂得創造出能讓人們覺得坦誠公開比隱瞞事實更好的工作環境。主動邀請別人說出內心真正的想法，用比如「我還不太明白，請再說詳細一點」或者是「我真的很想知道你的意見，這對我很重要」等等話語來鼓勵他們說出自己內心真正的想法。恰恰跟一般人的認知相反，在這種對話中，聆聽的人才是擁有權力的那方，而不是陳述者。

很難相信吧？試想，陳述者的語氣、內容及談話焦點，全都取決於你採用什麼的方式傾聽。

一個懷有敵意且舉止讓人感覺步步進逼的傾聽者，與一個在你說話時專心一致的傾聽者，兩者之間給人的感受一定截然不同。當你單純在聆聽別人說話的時候，你會卸下自我防衛，這樣能讓你獲取以下這些好處：對於具攻擊性或憤怒情緒的語言背後隱含的問題，能有更加透徹的理解；你能獲得更多訊息，這些訊息足以改變你對一個事件前因後果的認知；你也能擁有更多時間整理思路。

陳述者能感覺到你對其意見的重視。最讓人振奮的是，**因為你的專注傾聽，陳述者會更願意聽從你的建議。**

真誠傾聽，不會帶有任何防禦性。就算你不喜歡對方傳遞的訊息，你也應該先傾聽了解，不要立刻回應。專注傾聽算不上什麼技巧，它比較像是一種處事態度。滑雪的

人遇到障礙時，每秒鐘都用百分百的注意力在排除險阻，不允許再分心思索等一下要跟同伴說些什麼話。同理，做個積極的傾聽者，你應該投注自己百分百的注意力給另一個人，不能一跳出什麼想法話就從嘴裡迸出來。做到這點，你就能擺脫先入為主的觀念，敞開心胸建立一場更有意思、效果極佳的對話。

我們都要為自己的選擇負責，就像目標決定著我們奮鬥的方向。拒絕責難，能夠為你打造出一條達成目標的康莊大道。

愛你的父親

【第33封】**適才適所，人盡其才**

$1912/11/17$

　　我不以自己的好惡作為選拔人才的標準。

　　最能創造價值者，是能夠全然投身於自己熱愛之事的人。

　　親愛的約翰：

　　看到你的來信我很高興，因為你懂得了我藉以成就事業的處事哲學——**做自己喜歡做的事，至於其他事情，就交給喜歡做那些事情的人做。**

　　對我而言，做自己喜歡的事情是不可退讓的鐵律。它無時無刻不提醒著我，想領導部屬將任務執行得更好絕對不能只靠一般的管理技巧，而是必須採用格局更大、效率更好的領導手段。具體來說，就是**不讓部屬受限於制式刻板的工作職務中，而是設法發揮每個人的專長，引導他們把熱情投注在工作裡，打造出極致的生產力**，而這正是我的成功之道。

　　我在求學時期聽過一段話：「最完美的人，是能夠全然投身於自己專長領域的人。」後來我把這段話稍加修改，把它變成我的管理信條——**「最能創造價值者，是能夠全然投身於自己熱愛之事的人。」**

我曾說過，人的天性是忠於自己，渴望變成自己希望成為的人，而忠於自我的最佳體現，是做自己愛做的事情。但很遺憾，很多領導者都不支持部屬忠於自我，其結果就是事倍功半。這不難理解，如果你不能把時間投入到喜歡做的事情上，你就無法得到自我滿足；自我得不到滿足，對於生活的熱情就不復再有；一旦你失去對生活的熱情，做什麼事都再也提不起勁。期待一個提不起勁的人能夠把任務執行得很好，就像在期待一個不再走的時鐘能夠準確地報時，相當可笑。

　　我一直在提供部屬們忠於自己的機會，以此激發他們的熱情，讓他們的專長能夠有最極致的發揮，而我所獲得的，則是成就與財富。忠於自己，能幫助自己打贏的每一場戰役，這樣的機會沒有人想錯失。

　　想要善用部屬的熱情，你就一定要弄明白，領導者的職責不是去找出部屬的弱點而是關注他們的優點，並且把優點發揮到極致。我沒有檢視部屬脆弱特質的習慣，我總是在尋找他們最強悍的部分，讓他們的優勢能在工作及需求上充分發揮。我所重用的阿奇博爾德，就是個例子。

　　我不以自己的好惡作為選拔人才的標準，我用人不會先看那些貼在他身上的標籤，而是看他在工作中展現出來的長處。沒錯，我喜歡自己偏好的人，我很清楚，我其實喜歡的是高效辦事的人。

　　阿奇博爾德不是完美無缺的人，他愛渴酒，而我則是

禁酒主義者。不過，阿奇博爾德有過人的領導才華與天份，才思敏捷且幽默樂觀，而他非凡的口才和好鬥個性，更是在日後激烈的競爭中得以打敗對手的利器。所以從競爭對手變成合夥人以後，我對他一直很有興趣，不斷將重任托付給他，直到擢升他接掌我的職位。

阿奇博爾德已經證明了自己是個領導天才。他的職場生涯與眾不同，若不被壞習慣影響，他的成就一定會更耀眼。

我的目標，是要在每個部屬身上發現我認可的價值，並不是那些我沒興趣知道的缺點。我找出每個部屬最值得重用的特質，並且盡全力把部屬的長處轉化為優秀才能，而不會妄想矯正他們的缺點，所以，我總是擁有許多能力出眾又樂意貢獻所長的部屬。

孩子，這世上沒什麼人無所不能。你現在身為管理者，你的成就源自於領導能力的展現，而這也取決於部屬工作才能的發揮。**你要明白，要給部屬挑毛病，怎麼挑也不嫌多，但領導者要做的是用心發掘每個部屬的長處與潛力，留意他們在工作細節中的優秀表現，以及那些他們為了把事情做得更好而對於完美成果幾近苛刻的執著**，這決定了你是否擁有過人的領導力。

個人其實難以主宰團隊，我不否認領導者的關鍵地位，但整體而言，想獲勝最終還是要靠團隊。我們能夠取得任何榮譽都是靠團隊的力量，而不是個人，也唯有所有

人全力以赴，才能夠有所成就，並引發奇蹟的發生。

祝你好運！孩子。

愛你的父親

【第34封】策略導向思考是成功的保障

1904/10/14

想找出最完美的想法，首先要擁有很多想法。

只懂得運用手段的計畫者不能與策略導向思考者相提並論。

親愛的約翰：

漢密爾頓醫生又變胖了，看來打高爾夫球並不能阻止他腰圍的持續擴大，他只能用其他的運動方式減少身上的脂肪了。不幸的，能夠不讓他長肉的運動還沒有人發明出來，為此他痛苦不堪。話說回來，他卻總是能給我們帶來笑聲，用他腦袋裡那些稀奇古怪的故事。

漢密爾頓醫生今天給我講了個打漁人和釣魚者的故事，讓大家聽得很開心。或許因為看我們笑個不停，醫生相當得意，笑著對我說：「洛克菲勒先生，您是想當打漁人，還是想當釣魚者？」

我對他說，若我當個釣魚者，也許就沒資格和各位一起打高爾夫球了，因為我習慣採用有效益的操作策略為自己取得商業利益，而釣魚者的行為模式無法保障我成功。

當然，沒有哪個釣魚者會笨到只知放魚餌而不思考什麼計畫，例如打算釣哪一種魚，用什麼的餌料，應該將釣

魚線拋到什麼位置，然後才有辦法等大魚上鉤。就形式上來說，他們做的都對，而至於結果如何，沒有人知道。

或許時間到了他們就能釣到魚，或許等再久他們也釣不到一條魚，而那條他們心中夢想的那條魚，很可能永遠都不會上鉤。因為他們太拘泥於自己固有的方式，就算他們很明白自己的目標是什麼，但那種方式局限了成功的可能性，除了魚線伸得到的地方，他們捕魚範圍不會再大了。如果可以像打漁人那樣撒下大網捕魚，就能把捕魚的範圍擴大，要不要多抓一些魚隨自己心意決定，捕到夢想中的那條魚就不再是空談。

我對漢密爾頓醫生及我的球友們說，我並非按部就班、固守成規，只知道用簡單方法解決問題的釣魚者，我願意創造出更多方案，直到產生出能創造最大漁獲量的打漁人。他們大笑，說我洩露了自己賺錢的秘密。

孩子，不管你做什麼，**想找出最完美的想法，首先要擁有很多想法**。在做出最妥適的決定之前我會盡全力找出有開創性、效益的各種選擇，評估所有可行方案並且積極嘗試，然後把重點放在最妥適的抉擇上。

這就是我總能捕到夢想的大魚的原因。當然，計畫的執行過程中，我隨時會因應局勢做出調整，不斷修正計畫，所以即便計畫開展得不那麼順利，我也不會感到驚慌，總是能夠穩如泰山冷靜應對。

很多人覺得我能力過人，是充滿行動力的高效領導

者，若果真如此，我相信你同樣能獲得這樣的美譽，不過你必須克制住傾向速戰速決、簡單解決問題的衝動，勇於嘗試更多可以達成目標的可行方案。這樣你就能在面對困難時具備更多勇氣、謀略與耐心，還有未達到目的絕不罷休的執著態度。

只懂得運用手段的計畫者不能與策略導向思考者相提並論。身為最高領導者，我只給部屬們設定清晰明確的方針及策略，但不讓自己受限於僵化的行動方案中，相反，我始終持續探索著可以體現策略的各種可能機會。

很多人都深信，成功的關鍵在於紮實的策略，而這計畫一定要以具體的、能夠達成的，並且實際的行動目標為前提。這很重要，但是也有其致命的缺點，畢竟計畫著重的只是事先的判斷跟預想的成果，人們採用的方法也是為了達成目標而設定的固有方式，因為這些方式是根據預期能達成什麼目標而特別設定的，所以我們在展開行動之前，已經把範圍限定住了。

我們在著手擬定計畫時，計畫看起來總是無懈可擊，但瞬息萬變的情勢在我們方案敲定時可能就產生了變化，非但市場情況變了、客戶變卦了，甚至連原本支撐計畫的資源也起了變化。這也就無怪乎成本高昂又費時費力的策略，很少能夠貫徹施行到底。

這種狀況該如何應對呢？不管我們是給公司，還是給某個部門制定計畫，都應該先確認自己擬定的只是策略而

不是執行方式，策略本來是格局較大、富有彈性，長遠且多面向的，它們著重於怎麼拓展規模或提高利潤之類的方針，而非可明確衡量的指標，而且策略只提供大方向，不去設定達成目標的特定手段。

想成為一個優秀的領導者，我們必須讓自己有策略性思維，而不僅只是研發更好的工作技藝。我們要避免將自己局限在既定的文件流程中，雖然專注目標很重要，但也不能沒有彈性空間。

探索各種可能性有其必要，在每時每刻，我們都要設法開創對於達成目標有幫助的可行方案。不要固守幾種特定方式來達成你的長遠目標，隨時都要發掘可以獲得利益的好方案，不管以腦力激盪的方式與部屬開會討論，還是與競爭對手交流。

為了盡可能遠離危機，我們除了要適度調整既定計畫，也要不斷擬定新策略。商業環境瞬息萬變，我們應該要根據形勢變化來修正長遠目標的推進策略。如此，我們不只能維持短期的彈性操作，長遠來看，面對日新又新的經濟環境，我們依然能夠制定出概念清晰的目標。至於那些略嫌陳舊的策略與計畫暫且擱到一邊，讓整個團隊充滿活力、希望滿滿地繼續往前推進。

領導者必須不斷為部屬提供希望，不管實際情況看來多麼不理想，領導者要睜大雙眼找出困局中的潛在機會，不可輕言放棄，要相信希望永遠在。

我認為領導者為團隊提供希望，不但是幫助自己，也是為部屬指引了一條明路。每個人的生命歷程中，不免會有感到萬念俱灰的時刻，覺得自己已經無路可走或別無選擇，被命運禁錮住動彈不得，尋覓不到出路。克服絕望的方法只有一個，就是要不斷探尋各式各樣的可能性以跨越阻礙。簡言之，**相信還能有其他的選擇，就能保有源源不絕的希望。領導者應該讓開創性思維的天線保持暢通，以避免受困於無窮盡的突發變局而老是在疲於奔命。**

優秀的領導者要能夠應付突發的商業狀況，要能夠開創新市場而擬定相關計畫，要能夠在面對危機時有化險為夷的處理能力，也能夠幫團隊擘畫出事業發展的藍圖。即使局勢跌入谷底必須力挽狂瀾，領導者要像能征善戰的神鬼戰士領軍頑抗，即便遭遇到對手強力壓制而一時無法脫身，領導者也絕對不會放棄任何可以扭轉局勢的機會。

屢創奇蹟的領導者，能夠憑藉非凡才能與傑出手段，運用臨機應變的智慧，巧妙地在夾縫中順利脫險。即使處於幾乎沒有選擇的困境，優秀的領導者也能引領團隊殺出一條活路。

孩子，當事情看似走到了絕望的境地，如果你依然懷抱著希望，就能夠超越原定的界限，為團隊提供新的可能性。即使看來已經別無選擇，往往還是能找到出路。

愛你的父親

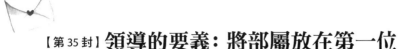

【第 35 封】領導的要義：將部屬放在第一位

1925/9/19

我永遠將為我效勞的員工放在首位。

尊重員工，把重要任務托付給他們，就是員工願意在工作上全力以赴的關鍵。

親愛的約翰：

請想像這個場面：某個交響樂團指揮，打算帶給購票入場的觀眾一場水準很高的演出，但他在開始演出時卻轉過身去朝向觀眾指揮，留下音樂家們靠自己的本能演奏，你認為結果會如何？

可想而知，這將是一場糟透了的音樂會。由於指揮沒有為音樂家們著想，音樂家們就會用消極且隨性的演奏表現來回應指揮，然後搞砸這場演出。

企業主就像是樂團的指揮，做夢都想發揮團隊成員的力量，讓他們使出渾身解數做出最大貢獻，演奏出最賺錢的美妙樂章，獲取最大的利益。然而對於大多數的雇主來說，這終究是場無法實現的夢，因為他們如同那個糟糕的指揮，**不懂得善待團隊成員，不經意就杜絕了讓眾人心甘情願付出的可能性。**

如同其他企業主，我也期望員工們都像忠實的僕人那

樣全身心的為公司做出最大貢獻。而我顯然比那些企業主聰明得多，我重視員工，非常認真看待他們，甚至可以說，**我永遠將為我效勞的員工放在首位。**

說真的，我本來就該善待用勤勞雙手讓我錢包滿滿的員工，我本來就該感激他們為我所做的犧牲及努力，更別提在這世上本來就該充滿著溫情。

我很關愛員工，從來不會呵斥、辱罵他們，也不像某些有錢人那樣擺出一副盛氣凌人的跩模樣。我對員工以平等、寬容與溫情相待，而這一切組合起來就是「尊重」。尊重別人，能讓人在道德感方面得到滿足，而且也是激勵員工盡心盡力工作的最佳工具。標準石油公司的每個同仁都為公司卯足了勁在工作，這讓我深信：**給予別人應有的尊重，他們就能發揮出自己的最大潛能。**

人性的最基本需求，是渴望受到尊重。我喜歡勤儉生活，但從不忘記要慷慨助人。猶記在經濟大蕭條時期，我多次舉債援助陷入困境的友人，讓他們的產業及家人得以安然度過危機。我從不催促他們還債，因為我深深明白寬厚心胸的重要性。

我體恤那些努工工作的員工，慷慨給予他們遠超過業界行情的薪資之外，還提供他們老來無憂的退休金保障，並承諾他們可約見老闆來要求加薪。我不否認，這種慷慨作風的背後有其功利用意，但也確實提升了員工的生活品質，我認為這也是我的職責之一，我期盼每個為我工作的

人都因為我而變得富有。

雇主就是員工的守護者，員工遇到的問題就是我的問題。雇主當然有權選擇忽略員工的需求或是滿足他們的需要，兩者相較，我更願意選擇後者。我一直在努力察覺員工們有什麼需求，然後設法滿足他們。我最常詢問他們的兩個問題是：「你有什麼需求？」以及「有什麼是我能幫你的？」我隨時從旁關注他們，**對我而言，能給員工提供幫助，是領導工作上主要的樂趣之一。**

薪資與獎金固然迷人，但對於某些人而言，金錢未必能激發他們全力以赴，但給予尊重就可以辦到。我明白，人人都渴望自己的價值受到重視，被人尊重，**每個人天生就帶著一個標籤，上面用大字寫著：請重視我！**

我不難想像一個人在生活的各方面得不到尊重的痛苦，我始終致力於讓每個員工在工作的時候都有被重視的感覺。所以我會像個偵探一樣，不時探查員工引以為傲的才能，再針對他們自認為最應該被重視的才能，把相關任務托付給他們。

一個擅長激勵員工，引導其做出巨大貢獻的雇主，會讓員工知道為你效勞是有前途有希望的，而**尊重員工，把重要任務托付給他們，就是員工願意在工作上全力以赴的關鍵。**

做個暖心和善、體恤員工的雇主，能讓員工活力十足，士氣如虹，適時對員工表達謝意也有很大的作用。員

工往往不太記得自己幾年前得過什麼獎金，但不少人常常會記得來自雇主的誇讚並津津樂道。我從不吝於表達對別人的感激之情，因為我知道，沒有任何事比及時且直接的感謝更加深刻有力。

　　我特別喜歡在部屬的桌上留便條紙，上面寫著我想表達的感謝語。這些只花我一兩分鐘就寫完的感激文字，我大多不記得了，但是這份感激之意卻一直鼓舞著人心，多年之後都還聽過他們提起我這個貼心領導者留給他們的暖心嘉勉，且將之視為寶貴箴言。由此也證明了，簡簡單單的感謝話語能夠發揮驚人的影響力。

　　我總是用心看待我的部屬，對於他們在工作上或生活中遇到的問題都願意認真了解。我知道人的能力都是有限的，而只要我盡力協助部屬解決問題，他們就能投注更多心力為公司做出貢獻。

　　孩子，如今你已是個領導者，你的成就不只會來自你本身的能力，也會來自員工們的工作表現，應該怎麼做好領導工作，答案都在這封信裡頭。

　　　　　　　　　　　　　　　　　　愛你的父親

1907/11/20

　　擁有龐大財富就肩負了龐大責任，我必須為人們謀福利。

　　只有笨蛋才會錢多了就自命不凡。

　　親愛的約翰：

　　值得慶幸的，一場差點造成國家級災難的金融危機終於結束了。

　　我想，現在我們的總統希歐多爾‧羅斯福先生，終於可以安心到路易斯安納繼續安心打獵了，儘管在這場危機中總統表現得讓人目瞪口驚的無能。當然，總統先生也不是什麼都沒做，他始終以自己的「憂心」支持著華爾街。老天啊！美國人民真是不長眼，竟將此等紐約佬送進白宮當最高國家領袖。

　　坦白說，一提到希歐多爾‧羅斯福這個名字，以及他對標準石油公司的所做所為，我就咬牙切齒，他是我見過心胸最狹窄，報復心最強的卑鄙小人。是啊，小人終究還是得逞了，他利用自己手上的大權策動了一場不公平的賽局，然後取得勝利，使聯邦法院開出了美國歷史上破天荒的高額罰單，還下令強制解散我的公司。你看，這卑鄙的

傢伙對我們做了什麼！

我深信，他自認為的懲戒並不會得逞，反而會讓他大感懊惱，因為我知道我們的集團企業不是廢物。我們有優秀的管理團隊，資金充足，足以對抗任何風險跟打擊，也正是我們有如此紮實的基礎，財富才會滾滾而來。慢慢看吧！會有我們揚眉吐氣的時候。

不可諱言，這種不公平待遇確實給我們造成了不小傷害。希歐多爾指控我們是擁有巨額財富的壞蛋，法官先生則羞辱我們是惡名昭彰的小偷，說得好像我們的錢財是搶來的。真是大錯特錯，那些傻子根本不懂一個大企業是怎麼建立起來的，他們應該也不想了解。

我們所賺的每分錢都蘊含著我們的智慧，我們邁出的每一步都要付出辛勤的汗水，我們事業大樓的基石是憑藉全員血汗所奠基而成。然而這些他們一點都不聽，就像個偏執狂一樣，只相信自己弱智的判斷，還語帶羞辱地貶損我們的經商能力，對於我們以最便宜、品質最好的煤油照亮了全美國的事實更是視若無睹。

我很清楚，希歐多爾的大刀一定要砍到他滿意才會收手，所以他拒絕了我們提過的任何和解方案。我們問心無愧，所以沒什好怕的，反正最糟糕的結果就是他運用政治強權將我們整個集團企業給拆散。然而屬於我們這個大家庭的快樂並不會停止，輝煌也依然會持續，未來的發展成果將會證明一切。

無庸置疑，我們正承受著從未有過的迫害，來自現任政府的迫害。對此我們不可感情用事，不可被憤怒抑制了良知，面對危機我們不可袖手旁觀，不然會感到羞恥且良心不安，必須勇敢迎戰。我們是美國公民，應當協助國家與人民遠離災難，身為一個有錢人，我知道**擁有龐大財富就肩負了龐大責任，我必須為人們謀福利。**

　　這場金融危機橫掃了華爾街，許多陷入恐慌的人們大排長龍要從銀行領出自己的存款，擠兌情形完全失控。一場即將導致美國經濟再度走入大蕭條的危機正要來臨，我預感到這個國家正處於雙重危機之中——政府沒資金，民眾沒信心。這個時候，身為一個「財神爺」，我必須要做些什麼。我致電斯通（M. E. Stone）先生，讓美聯社引用我的話，告訴全國民眾：「我們國家從來都不欠缺信用，金融界的有識之士更是視信用如命。如果有必要，我願意拿出一半的資產幫助國家來維護信用。請相信洛克菲勒的話，不會發生金融地震。」

　　謝天謝地，危機總算過去，華爾街已脫離了困境。而為了達成這個目標，我做了所有能做的事，正如《華爾街日報》所言：「洛克菲勒先生用他的大聲疾呼以及龐大資金救了華爾街。」然而有一件事我永遠都不讓人知道，這個事件中從自己口袋裡拿出最多錢的人是我，此事讓我暗自引以為傲。

　　此外，華爾街之所以能夠安然度過這場信用危機，摩

根先生居功厥偉，他是整場戰役名符其實的指揮官，是他將眾多商界菁英聚集起來一同面對這場危機，用他無以倫比的金融才能及果斷的行事風格拯救了華爾街。我必須說，美國人民最該感謝的人其實是他，華爾街也應該好好感謝他。羅斯福總統更要感謝他，因為摩根先生做了那些本該總統去做卻因為其無能而做不成的事。

　　時至今日，仍然常有人們，甚至報紙在大大誇讚慷慨解囊的義舉，但是對而我言並不值一提，我只是尋求自己內心的平靜。國家人民有難時，人人都該義不容辭勇敢承擔，我認為誠心出手相助的人和我一樣，都很願意付出一己之力來為國家人民做出貢獻。

　　我確實曾有引以為恥的行為。1861 年南北戰爭開打，許多美國青年響應國家號召奔赴前線，為了聯邦的統一，為了解救黑奴而貢獻自己，可是我因為才剛創業，家人需要依此生活而未能參戰。這終究不是一個讓人心安的理由，因為在那時候國家正需要我，需要我為戰爭流血流汗。

　　此事一直都讓我良心不安，直到這場金融危機爆發我才找到自我救贖的機會。最糟糕的時刻，聯邦政府無法確保黃金儲備量，白宮政府緊急求助摩根先生，但他愛莫能助，後來是我提供鉅資來援助，政府才得以平息那場恐慌。這讓我感到非常欣喜，我自己賺再多錢都沒那麼高興。

我從不認為自己是個拯救者，也不認為自己有多麼了不起，**只有笨蛋才會錢多了就自命不凡**。我是這個國家的公民，我自知擁有龐大財富就相對要承擔龐大的公共責任，比擁有龐大財富更值得推崇的是，我能夠在國家有需要的時候盡一己之力。

　　孩子，我們確實有不少錢，但不論何時我們都不該恣意揮霍金錢。我們的錢只能用在為人類創造價值，絲毫不能花費在有私心的人身上。當然，我們絕對別再捐款給共和黨人，那個羅斯福把我們害得夠慘了。

　　美德與名譽是美好心靈的體現，少了它們，形體再美也算不上真美。

愛你的父親

【第37封】補足精神食糧，提升心靈境界

1914/8/1

> 即使你必須出賣自己的心靈，也一定是由自己來買下，人要懂得接納自己。

> 重塑自己，讓自己變得謙遜又聰明，也聰明又謙遜！

親愛的約翰：

如同食物之於人體，人的精神也需要食糧。很多人會以沒時間為由，讓心靈長期挨餓，只在偶然、意外的情形下才充實一下，不知道精神食糧也需要定期攝取。

我的看法或許悲觀了些，當前是個毫不節制地滿足口腹之欲，卻忽視精神食糧需求的時代。其實，你會時常聽到人說：午餐忘了吃可不行，但你卻難得被問及：你上一次心靈上的饑餓得到滿足是什麼時候。難道說，我們每個人的心靈都很飽滿嗎？答案顯然是否定的。

在這世上，精神饑渴者到處都有。那些在沮喪、消極、失敗、憂鬱等狀態中生活的人們，精神都非常迫切需要滋養，但是他們大多不願充實心靈，放任心靈蒙上灰暗色彩。

我們的大腦不像肚子，稍微填些東西就有飽足感，若

不能時時關注大腦與心靈的需求，及時在空虛時灌注養分，那就準備接受心靈空虛所造成的後果。

心靈是一個人內在的家園，人生到頭來是好是壞由此決定。因為這個家園中的每個物件都有其獨特的作用，有其創造力，能為將來做好準備，或者是造成破壞，減損你將來的可能成就。

每個即將達到高峰或已經快要觸頂的一流人士，之所以具備積極狀態，是因為他們懂得適時用美好純淨、積極有力的思想來充實自己的心靈。如同食物為身體補給養分，傑出人士天天不忘吸收精神食糧，他們明白，精神心靈得到了充實，就不必為了如何填飽肚子而發愁，甚至一直到老年的財務需求都能高枕無憂。

人一定要有自己的家，才能夠免於流落街頭或行乞度日。首先，**即使你必須出賣自己的心靈，也一定是由自己來買下，人要懂得接納自己**。我們要知道，人是上帝按照祂的模樣創造的，人的地位僅僅低於天使。上帝不會設定任何有關年齡、性別、教育、體型、膚色等各種外在條件的限制，上帝也從不創造無用之人，更不會忽略任何人。其次，我們要有積極的心態。

兩年前，卡爾‧榮格（Carl G. Jung）先生和我相遇的時候，這個心理學家跟我說了這個故事：

有個人被洪水困住，他只能爬到屋頂去避難。鄰居中

有人漂過來說：「約翰，這場大水實在是太可怕了，你說不是嗎？」

約翰回答：「不，這大水還好。」

鄰居有點訝異，質疑他說：「你怎麼說還好？你的雞舍都被大水沖掉了。」

約翰說：「這個我知道。不過六個月前我就開始養鴨，現在鴨子們都在附近游泳。所以事態看起來還好。」

「不過，約翰，這場大水沖毀了你的農作物。」鄰居提醒說。

約翰回答說：「還好啦！我的農作物原本就因為缺水而受損，上周還有人說我的土地需要很多的水來灌溉。你看，這下子我原本的問題都消失了。」

那個憂心的鄰居又再對略帶笑容的約翰說：「可是，約翰你看，大水還繼續在漲，就快漲到你家窗口了。」

樂天派的約翰笑得更開心，他說：「正如我意啊！我家這些窗戶本來髒到不行，還真需要用水好好洗一下。」

　　當然，這個故事聽起來像一則笑話，但不能否認，這也是一種境界，懂得以積極態度面對紛擾繁複、跌宕起伏的世界，一旦到達這種境界，即便遇到再消極的狀況我們也能讓心靈自主做出積極回應。想要達到這種境界，我們必須不斷充實，淨化心靈。

　　每個人都在自我改變或是被改變。榮格先生提到，改

變一個人的詞彙就能影響他的生活、收入，提升享受甚至扭轉人生。比如「恨」這個字，若能將此字從自己的語庫中刪除，不再想它，然後以「愛」這個字取代之，這種移除某字再以另一個字取代的活動，可以不停地做下去，然後我們的心靈會在整個過程中越來越淨化。

心靈如何活動，由接收到的事物決定。我相信，心靈所接收的事物之於一個人的未來至關緊要，所以關鍵就在於：我們該如何滋養心靈，選對時間、找對方法補充精神食糧。

你有沒有聽人說過伐木者產量減少，是因為他們沒騰出時間來把斧頭跟鋸子磨利。我們會把金錢與時間用在修飾外表，譬如理頭髮、刮鬍子，但就怕未能同樣把資源投注在提升自己的內在境界，須知，這是非做不可的事。

其實，精神食糧並不難取得，譬如書籍。經由偉大心靈的激盪而寫出來的書籍，每一本都是能夠洗滌且充實我們的心靈食糧，它們總能給讀者指出明路，而我們要做的只是在其中挑選出適合我們的。偉大的書籍就像是偉大的智慧樹、偉大的心靈樹，讓我們得以**重塑自己，讓自己變得謙遜又聰明，也聰明又謙遜！**

至於那些專業寫手以工廠生產線方式完成的書籍作品，應該盡量遠離。他們的書像是瘟疫，散播著不營養的思想、偏差的知識與自以為是的無知，這種書只能給庸俗膚淺的人閱讀。我們需要的是確實能為我們的行動提供信

心與力量的書，是能把我們的人生提升到嶄新的高度，以及引導著我們一心向善的圖書，比方說奧里森·馬登的著作《奮力向前》。

《奮力向前》是一部能啟迪人心，激發我們生命熱情的偉大作品，我認為全國人民都會因為此書的問世而得到啟發，運用己身之力採取最積極的作為抵達夢想的彼岸。我甚至認為，誰沒讀到這本書，誰就極可能與非凡人生失之交臂。我希望咱們家族世世代代的子孫都要讀過這本書，它可以為每個人打開通往幸福快樂的大門。

引導人努力攀登人生頂峰的，是持續滋養與強化而日漸茁壯的驅動力。成功人士應該都會發現，攀登人生頂峰的過程中會出現許多空間，但是這些空間都不是要讓人留下來的。成功者都知道，心靈如身體，必須適時供給養分，身體、心理與精神所需要的營養全都關照好，才有健全的資本挑戰人生頂峰。

孩子，沒有什麼能阻擋我們回歸本心的道路，除非我們自己不想啟程。讓心靈之光照耀我們持續向前吧！

　　　　　　　　　　　　　　　　　　　愛你的父親

【第38封】你也能成為大人物

1906/6/8

　　我們要做這世界的鹽，積極為社會服務，為世人造福。

　　人沒什麼了不起的，但也沒什麼比人還要了不起。

　　親愛的約翰：

　　在《新約聖經·馬太福音》中有這樣一句聖言：「你們是世上的鹽。」

　　這個比喻不奇特，但發人深省。鹽提供滋味，也可以防腐、潔物。耶穌想以此教誨門徒們，該承擔什麼使命，以及發揮什麼樣的影響。人來到世上就是要淨化、美化這個世界，讓世界不再腐敗，並且給世人帶來更健康，更新鮮的生活風氣。

　　鹽最重要的功能是提供鹹味，鹹味象徵力量與高尚，象徵非常虔誠的宗教生活。那我們可以運用我們的財富，我們的原則與信仰來做些什麼呢？可想而知，**我們要做這世界的鹽，積極為社會服務，為世人造福**，這是我們無可迴避的社會責任。

　　我們當前的責任是為世界及眾人竭盡全力奉獻，專心致志於我們的公益事業，沒什麼比此事更偉大。

說起偉大，我想到了一篇非常偉大的演講稿，那是此生難得一見的偉大演講稿，它提到，**人沒什麼了不起的，但也沒什麼比人還要了不起**，關鍵就在於你為社會及國家做過什麼。

　　在此，我將這篇偉大的演講稿抄寫給你，相信能給你有所啟發。

愛你的父親

　　各位女士先生：

　　很榮幸，我今天能在這裡見到幾位大人物。雖然你們常說本市沒什麼大人物，那些大人物都在倫敦、舊金山、羅馬或是什麼其他的大城市，反正就是不會出自本地，他們都在本市之外的地方。如果你們這麼想，那可就錯得離譜了，其實，此地的大人物不少於別的城市。在座的聽眾裡頭就有很多大人物，男女皆有。

　　現在，請讓我斗膽說一下，在論定某人到底是不是大人物的時候，我們往往會犯的一個大錯誤，就是我們總覺得要當大人物就必須有一間寬敞的辦公室。而我要跟大家說的是，什麼樣的人才是世上最偉大的人，世間並沒有定論。

　　誰算得上是大人物呢？這個的答案年輕人應該急著想知道。我可以跟大家說，大人物未必會在高樓大廈裡有一間大辦公室，人的偉大在於他自身的價值，這和他有多少

錢、處在什麼職務沒什麼關係。誰能說一個不吃飯就活不下去的國王，絕對比一個辛勞耕種的農夫還偉大呢？話說回來，各位也無須譴責那些身居官職就自認為是大人物的年輕人。

請問在座各位，你們有誰想做個偉大人物呢？

那位頭戴西部牛仔帽子的年輕人，你說你有一天會成為這個城市的大人物，你是認真的嗎？你打算何時達成這個目標呢？

你說發生戰爭時，你一定會衝鋒陷陣在槍林彈雨之中，直到摘下敵人旗竿上的旗幟。你的胸前會掛滿勳章，凱旋而歸，擔任政府為了褒獎而為你安排的公職，然後你就如願成了大人物。

不，年輕人，不是這樣的，你這麼做並非我說的偉大，但我們無意責怪你的想法，因為你所受的學校教育教導你的就是這樣，那些獲得官職的人大多參與過戰役。

我記得，美國對西班牙的戰爭剛剛結束的時候，我們這城市曾經有一場和平大遊行。人們對我說，當那支遊行隊伍走到布洛大街的時候，有一輛四輪馬車在我家門口停下來，當時坐在馬車上的是霍普森先生，所有人都把帽子扔向天空，然後揮舞著手帕大聲喊道：「霍普森萬歲！」當時如果我在現場，應該也會這樣喊，因為他值得這樣偉大的榮耀。

但是假如明天我在大學講堂上問同學：「請問，是誰

擊沉了梅里馬克號？」如果他們回答我：「是霍普森。」
我會認為他們只答對了八分之一，因為擊沉梅里馬克號的
人一共有八位，有七個人因為職務的原因，一直暴露在西
班牙的炮火下，而身為指揮官的霍普森先生極可能置身在
炮火之外。雖然今晚在座的各位應該都是知識份子，但我
敢說斷言，你們中沒人能夠講出和霍普森先生一同戰鬥的
那七人的名字。

　　我為什麼要從這種角度來講歷史呢？我們應該要懂
得，無論一個人的職位多麼微不足道，只要他能善盡自己
的職責，他可以得到的榮耀不應該亞於一個國王。

　　很多人都會這樣的教育孩子。孩子問媽媽：「媽媽，
那棟高大的建築物是什麼？」

　　「是格蘭特將軍的墓。」

　　「格蘭特將軍是什麼人呢？」

　　「他是打贏南北戰爭的人。」

　　怎麼可以這樣教歷史呢？各位想想，如果只靠格蘭特
將軍一人，南北戰爭能打贏嗎？答案顯然是不會，那為何
要在哈德遜河畔為他建造一座宏偉的墳墓呢？那不是因為
格蘭特將軍是個偉人，之所以在那裡建一座宏偉墳墓，是
因為他是個代表性人物，他代表了二十萬個為國捐軀的英
勇戰士，他們很多人和格蘭特將軍同樣偉大，這是那座宏
偉墳墓建立在哈德遜河畔的真正原因。

　　我想起一件事或許能說明這樣的情況，這也是目前為

止，我唯一想到的例子。此事讓我感到非常慚愧，以至於久久無法忘懷。現在我閉上雙眼，回到 1863 年那天，我能夠看到伯克郡山的老家，我看到牛市中人潮擁擠，甚至連當地的教堂及市政廳裡人也擠得水洩不通。

接著我聽到了樂隊聲音響起，看到國旗在空中飛揚，許多人的手帕在迎風舞動著，那天的情景我記憶猶新。人群聚集是為了迎接一連士兵，而士兵們的隊伍也正在前來的途中。士兵們在南北戰爭中服完一期兵役之後又再延長一期，如今終於期滿返鄉，現在鄉親父老們迎接士兵們的到來，感謝他們為國家做出的貢獻。

當時的我還只是個年輕小毛頭，而且是那個連隊的連長。那天我意氣風發，就像是個吹飽了氣的氣球，隨便找一根細針就能輕易戳爆我。我走在隊伍最前面，看起來像是全世界最驕傲的人。

士兵隊伍走進了市政廳，主辦方安排士兵們坐到大廳的中間區域，而我則單獨坐在前排。接著，在地的官員們穿越擁擠的人群走上臺，坐到圍成半圓的座位區，市長就坐在半圓的最中央。市長是個頭髮花白的老者，先前並沒有擔任過任何公職。他自以為，現在既然是本地最高階的行政長官，就應該順理成章算是個大人物。他先調整了一下自己的眼鏡，然後站起來，用一種相當威嚴的姿態環視臺下群眾。突然，他將視線放到了我身上，接著這個熱心老者邀請我上臺與本地的官員們坐到一塊。

上臺與官員們平起平坐！這在我從軍之前未曾遇到過，過去沒有任何一個政府官員曾經關注過我。我坐在臺上，佩劍垂到了地板上，我不自主地雙手抱胸，擺出等待人們熱烈回響的姿勢，感覺自己變成了拿破崙五世。可笑的是，驕傲自滿之後，毀滅與挫敗接著上場。

　　首先，市長身為民眾的代表，致辭歡迎我們這些凱旋歸來的軍人。他拿出早已準備在口袋裡面的講稿，慢條斯理地攤開在講桌上，隨後又再調整了一下眼鏡。他擺出一副演說家的姿態，開口說道：「親愛的市民們，我們很高興的歡迎這些英勇參戰的戰士們榮歸故里。我們更高興的是，在臺上跟我們並肩同坐的，還有一位年輕英雄。在我的想像中，我們好像看到了他帶頭領軍英勇地與敵人進行殊死對抗，我們看到了他那閃亮佩劍在陽光下閃閃發光，我們還看到了他身先士卒向跟隨在後的士兵們大喊『衝鋒』！」這個年輕的英雄指的就是我。

　　天啊！這個好心的老頭兒，實在對戰爭一無所知。只要他具備一點點戰爭的常識，他就會知道，步兵的軍官在危急時刻衝在最前面是非常愚蠢的事情。我在陽光下拿著閃閃發亮的指揮刀對部屬大喊「衝鋒」？我從來沒這麼做過。

　　你們試想一下，如果我跑到前面，一定會遭到敵人和後面自己人的夾擊。身為軍官，是不會跑到那個位置的。在真正的戰場上，軍官的位置是在士兵後方，因為要發

號施令，所以當敵軍從林中竄出，從四面八方向我軍進攻時，我就必須騎馬對我方部隊高喊：「軍官後退！軍官後退！」然後每位軍官都會退到戰鬥區域的後方，軍階越高的軍官會退得越遠，這不表示他們沒有奮勇殺敵的能力，而是因為作戰法則就是如此。如果將軍身先士卒而不幸傷亡，那戰役就幾乎沒有勝算了，因為整個戰役的作戰計畫都要仰賴將官來指揮若定，所以他一定要待在絕對安全的區域。

然而，這位對軍事一知半解的市長竟然會誇我在戰場上頂著太陽拿著閃閃發光的佩劍領軍衝殺。天啊！當天坐在市政大廳裡的士兵們，多少人曾經用生命來護衛我這個小小軍官，有些人曾經背著我渡過了湍急河流。還有些人不及到場，因為他們已經為國犧牲了！演講者可能在講詞中稍微提及他們，但是沒有引起關注，是的，那些真正為國犧牲的人沒有得到應有的關注，而我這個小小軍官卻被說成了大英雄。

我之所以被當成英雄，是因為演講者掉入了一個弱智陷阱——此人是個帶著佩劍的軍官，而其他人僅僅是士兵。這件事著實給我上了一堂此生難忘的課。

一個人的偉大，不會來自於他獲得了什麼官銜，他之所以偉大，是因為他運用尋常的條件締造了大成就，並且用平凡無奇的普通人身份達成了人生的目標，而這，才是真正的偉大。

不論是為大眾提供莊嚴的教堂、完善的學校、合適的住宅、寬廣的街道、誠懇的勸誡、衷心的祝福，只要能獲得人們的感謝，這種人就是偉大人物。如果所作所為沒有人會想感謝他，那這樣的人就很難被人認定是偉大人物。

我希望在座各位明白，人要活得有意義，而不只是活得有年紀；人要活得有血有淚，而不只是別人電話本上的一串數字；人要活在理念與夢想中，而不只是光靠呼吸空氣活著。我們應該朝著人生目標努力向前，用自己的心跳掌控時間。

如果你記不住我前面說的那些話，那麼請千萬要記下我後面這段話：具備旺盛的思考能力、高尚的感受力、正直的行為能力，就能擁有最充實的人生！

祝福大家！

洛克菲勒寫給兒子的 38 封信 全新完整譯本
暢銷紀念版

作　　者／約翰・洛克菲勒
譯　　者／馮國濤
美術編輯／達觀製書坊
責任編輯／twohorses
企畫選書人／賈俊國
總 編 輯／賈俊國
副總編輯／蘇士尹
行銷企畫／張莉榮　蕭羽猜　黃欣

發 行 人／何飛鵬
法律顧問／元禾法律事務所王子文律師
出　　版／布克文化出版事業部
　　　　　115 台北市南港區昆陽街 16 號 4 樓
　　　　　電話：(02)2500-7008　傳真：(02)2502-7579
　　　　　Email：sbooker.service@cite.com.tw
發　　行／英屬蓋曼群島商家庭傳媒股份有限公司城邦分公司
　　　　　115 台北市南港區昆陽街 16 號 8 樓
　　　　　書虫客服服務專線：(02)2500-7718；2500-7719
　　　　　24 小時傳真專線：(02)2500-1990；2500-1991
　　　　　劃撥帳號：19863813；戶名：書虫股份有限公司
　　　　　讀者服務信箱：service@readingclub.com.tw
香港發行所／城邦（香港）出版集團有限公司
　　　　　香港九龍土瓜灣土瓜灣道 86 號順聯工業大廈 6 樓 A 室
　　　　　電話：+852-2508-6231　　傳真：+852-2578-9337
　　　　　Email：hkcite@biznetvigator.com
馬新發行所／城邦（馬新）出版集團 Cité (M) Sdn. Bhd.
　　　　　41, Jalan Radin Anum, Bandar Baru Sri Petaling,
　　　　　57000 Kuala Lumpur, Malaysia
　　　　　電話：+603- 9056-3833　　傳真：+603- 9057-6622
　　　　　Email：services@cite.my
印　　刷／韋懋實業有限公司
初　　版／2023 年 8 月
　　　　　2024 年 8 月初版 18.5 刷
定　　價／350 元
ＩＳＢＮ／978-626-7337-21-9
ＥＩＳＢＮ／9786267337226（EPUB）

城邦讀書花園　布克文化
www.cite.com.tw　www.SBOOKER.COM.TW